Ejercicios de fútbol para niños de 8 a 12 años

Por

Chest Dugger

Contenido

Contenido 2

Sobre el Autor 3

Regalo Gratis Incluido 4

Descargo de Responsabilidad 5

Introducción – La mejor edad para entrenar 6

Ejercicios de Pases 31

Driblar 50

Disparar 66

Aptitud física 103

Ejercicios Mentales y Desarrollo Emocional 116

Juegos Divertidos 144

Conclusión 166

Sobre el Autor

Chest Dugger es un fanático del fútbol, ex-profesional y ahora entrenador buscando compartir su conocimiento. Disfruta este libro y los muchos otros que ha escrito.

Regalo Gratis Incluido

Como parte de nuestro compromiso de ayudarte a tener éxito en tu carrera profesional, te enviamos una hoja de trabajo gratuita de entrenamiento de fútbol llamada "Hoja de trabajo de entrenamiento de fútbol". Una hoja de trabajo es una lista de ejercicios que puedes usar para mejorar tu juego y una forma de realizar un seguimiento de tu rendimiento diario en estos ejercicios. Queremos llevarte al siguiente nivel.

Haga clic en el enlace a continuación para obtener una hoja de trabajo de entrenamiento gratuita.

https://soccertrainingabiprod.gr8.com/

Descargo de Responsabilidad

Copyright © 2025

Todos los derechos reservados.

Ninguna parte de este eBook puede ser compartida o reproducida en ningún formato incluyendo impreso, electrónico, fotocopias, escaneo, mecánico o grabado sin el permiso previo por escrito del autor.

Aunque el autor ha hecho todo lo posible para garantizar la exactitud del contenido escrito, se recomienda a todos los lectores leer bajo su propio riesgo. El autor no es responsable de ningún daño personal o comercial causado por la información aquí contenida. Se alienta a todos los lectores a buscar asesoramiento profesional cuando sea necesario.

Introducción – La mejor edad para entrenar

Además de pertenecer al Barcelona, tener la oportunidad de entrenar a un grupo de niños o niñas de 8 a 12 años (o cada vez más ambos) es el desafío más emocionante que un entrenador aficionado puede disfrutar. Siempre es beneficioso guiar a un niño. Existe el placer de pasar tiempo haciendo lo que nos gusta, la oportunidad de poner a prueba nuestros propios conocimientos del fútbol y habilidades de motivación en el tanque de presión del juego, el desafío de desarrollar un plan para convertir a nuestro equipo en el mejor equipo posible. Todo esto sigue ahí, pero además de esta brillante receta, está la satisfacción de saber que estamos ayudando a los niños a progresar y desarrollarse. No solo en su fútbol o incluso en el deporte, sino en todos los aspectos de sus vidas.

Los deportes en equipo pueden proporcionar habilidades vitales para la vida que ayudan a los jóvenes a afrontar mejor los desafíos que les plantea un destino inesperado, hacer amigos y desarrollar la fuerza mental y la resiliencia. De repente, tenemos un papel en el desarrollo de estos niños. Hacer lo que nos gusta. ¿Qué tan bueno es eso?

El problema es que estamos entrenando con los mejores grupos de edad. Esto no pretende denunciar la importancia de la orientación de niños o adolescentes muy pequeños. Cualquiera que participe en actividades juveniles, ya sea profesional o, como la mayoría de nosotros, un aficionado entusiasta, está haciendo una contribución significativa a nuestra sociedad. Una cuestión crucial. En muchos sentidos, el más importante. Estamos ayudando a un grupo de jóvenes a convertirse en los adultos que todos queremos que sean. Pero... hay varios de estos... no es fácil trabajar con niños de cinco o seis años. Somos más especialistas en desarrollo infantil que entrenadores. Algunos son geniales a esta edad, con la paciencia de los entrenadores del Tottenham Hotspur y la calma de los mejores árbitros. Tampoco correr en el equipo de los menores de 15 años siempre avanza a lo largo de los arbustos. Aunque, ayudar a este grupo de edad también cumple un papel muy importante. Aquí estamos ayudando a un grupo de adolescentes a salir de la calle y estamos usando su pasión por el deporte para darles un propósito fuera de la escuela y el hogar. Estamos tratando de enfocar su naturaleza rebelde en algo positivo. Vale mucho la pena, y si tenemos que soportar ocasionales (o frecuentes) muetras de crudeza, arrogancia y conflictos hormonales porque los niños y las niñas descubren que el sexo opuesto es más que una molestia, pues, ese es el precio que pagamos por el altruismo.

Pero los niños de 8 a 12 años son la edad óptima para la orientación. Estos niños han desarrollado un alto grado de coordinación. Todavía tienen un camino por recorrer, especialmente en los niveles más bajos de este rango, pero estos niños controlan sus extremidades. También son lo suficientemente grandes para tener un nivel de concentración razonablemente bueno, por lo que pueden explicar el entrenamiento e introducir tácticas. Han crecido, han elegido jugar fútbol en nuestro club y entienden lo que significa ese compromiso. Así que su entusiasmo sigue ahí, pero sus expectativas son realistas. Al mismo tiempo, son lo suficientemente jóvenes como para escuchar lo que tenemos que decir; sus preguntas serán sinceras y su deseo de aprender alcanzará su punto máximo.

En este libro sobre entrenamiento y habilidad, nuestra filosofía es simple: creemos que el fútbol es un gran deporte, el mejor deporte del mundo. Nos ayuda a mantenernos saludables y nos enseña la importancia del trabajo en equipo, la amistad y la lealtad a nuestros compañeros. Nos presenta a diferentes personas de diferentes orígenes y, afortunadamente, se está volviendo cada vez más inclusivo.

Aunque todavía existe una forma de ir recorrer este camino a nivel élite, los clubes ahora están dando la bienvenida a personas de todos los géneros, contextos y etnias. El fútbol nos enseña sobre agudeza mental y fuerza emocional, y nos vuelve más resiliente en nuestro día a día.

Con la gente joven, nuestro enfoque está en nuestras habilidades y técnica, en el trabajo en equipo y la diversión. Creemos que ganar es increíble, y no hay nada malo con eso, pero también es importante aprender cómo perder bien y respetar a nuestros oponentes, ya sea que ellos ganen o nosotros a ellos. Creemos que la competencia es importante y es parte de crecer y vivir la vida adulta. Pero esta competencia debe ser disfrutada, tan pronto como ganar se vuelve más importante que participar empezamos a hacerlo mal. El viejo cliché tiene aún la misma relevancia de siempre. No se trata de ganar sino de participar.

Además, creemos que nuestros jugadores están en el corazón de lo que hacemos. Todo lo que les enseñamos es por ellos, y el más talentoso potencial profesional es tan importante como el joven que lucha para pasar un balón con éxito por más de cinco metros. De hecho, el futuro profesional es la persona más importante en nuestro mundo de entrenadores. Sólo que es una posición que él o ella comparte, ni más ni menos, con el niño que lucha pero que aún quiere dar lo mejor de sí mismo. Si mantenemos eso en mente como prioridad, no estaremos equivocados.

Cada uno de nuestros capítulos se centra en un elemento específico del fútbol relacionado con el grupo de edad de 8 a 12 años. Por lo tanto, nuestro jugador más joven puede tener solo 8 años y el mayor solo 12 años. Estos elementos son totalmente diferentes en términos de coordinación y conciencia espacial, en términos de atención y habilidades motoras, en términos de su capacidad para aprender nuevas habilidades usando la tecnología. Por lo tanto, dependiendo del grupo de edad en el que entrenamos, necesitamos ser selectivos en la selección de los entrenamientos y estar preparados para adaptarlos y desarrollarlos a las necesidades de nuestros jugadores.

Muchos de los siguientes cincuenta ejercicios, actividades y consejos (así como técnicas, tácticas y juegos) incluyen gráficos. Se utilizan para ayudar a entender claramente la manipulación de los ejercicios. En éstos se utilizan los siguientes símbolos:

Símbolo	Descripción	Símbolo	Descripción
○	Attacker/Team in possession	Ⓖ	Goalkeeper
●	Defense	Ⓜ	Mannequin for defense
○	Coach/Third team	❶	Player with specific role as explained
⇨	Direction of offense movement	▭	Goal
➡	Direction of defense movement	▲	Cone
•	Ball		
—▸	Direction of shot/pass		
---▸	Dribble		

Algunos tutoriales tienen explicaciones específicas de los símbolos y no están dibujados a escala.

Estos entrenamientos están diseñados para brindar diversión al jugador, pero también desarrollar las habilidades necesarias para jugar el juego. Nuestro entrenamiento consiste en actividades de trabajo en equipo, entrenamiento de salud mental de los jugadores y otras habilidades específicas. Sin embargo, se utilizan mejor como titulares para los entrenadores para adaptarse a su propio equipo y adaptarse a sus propios recursos de equipo y personal. En este sentido, existe el potencial de proporcionar ideas inspiradoras al fútbol para entrenadores, gerentes y entrenadores. O a cualquiera que esté interesado en inculcar el amor por el fútbol en niños de 8 a 12 años.

Conciencia espacial

La conciencia espacial es un término que escuchamos mucho. Quizás no siempre tenga una comprensión firme de lo que realmente significa. Un niño pequeño choca contra una mesa; "Están aprendiendo la conciencia espacial", dice un joven que está demasiado cerca del otro mientras hace fila para almorzar, "no tiene mucha conciencia espacial". Un jugador de fútbol tropezó con la pelota. "¿Dónde está su conciencia espacial?"

Entonces, ¿qué significa exactamente este término? Cada uno de los anteriores son ejemplos razonables de que la conciencia espacial es nuestra capacidad para interactuar con nuestro entorno. Ser conscientes de nuestra propia posición en relación con otras personas y objetos, y comprender el control físico necesario para realizar una tarea específica. Por ejemplo, calcular instintivamente hasta dónde debe extenderse el brazo para rodear el poste de portería. Aunque, para ser precisos, esta definición en realidad describe un proceso llamado propriocepción, la conciencia espacial es suficientemente buena para nuestros propósitos. Este proceso es instintivo, pero al mismo tiempo mejora con la práctica y la experiencia.

La conciencia espacial es algo que los niños pequeños están desarrollando. Cuando llegaron a nuestro equipo sub-8 ya eran buenos. De hecho, es sorprendente, teniendo en cuenta que sólo tienen unos años para levantarse. Sin embargo, hay muchos factores de los que debemos ser conscientes, ya que inhiben la capacidad del niño para desarrollar una conciencia espacial. Quizás, sorprendentemente, esta es una habilidad cognitiva en lugar de una habilidad física, y lamentablemente algunos niños encuentran realmente difícil de adquirir. Los trastornos que pueden inhibir la capacidad de un niño para tener una buena conciencia espacial incluyen trastornos del espectro autista (TEA), trastornos del movimiento e hiperactividad. Sabemos que estas son enfermedades comunes entre los jóvenes. A medida que las escuelas, los padres y los profesionales de la salud se vuelven más hábiles en identificar a los niños con desafíos específicos que inhiben su capacidad de usar la conciencia espacial, el número de personas identificadas aumenta. La lesión cerebral derecha también puede bloquear o ralentizar la capacidad de una persona para desarrollar las funciones cognitivas necesarias para una buena conciencia espacial.

Imagina lo difícil que es eso. Estamos creciendo y nos damos cuenta de que de alguna manera no vemos el mundo como otros; nos resulta imposible leer señales sociales que son claras para los demás, por lo que somos constantemente criticados o rechazados por hacer algo que nos parece bueno, pero rechazados por nuestros amigos y compañeros. Ahora lo que queremos hacer es poder jugar al fútbol como vemos a los héroes de la televisión, o nuestros amigos en el patio de recreo. Pero no podemos. Nuestro cerebro simplemente no calcula la fuerza necesaria para pasar la pelota a un compañero de equipo, ni el ángulo del pie necesario para completar esta tarea. Algo que parece sencillo a los demás.

En el pasado, solíamos tener varios de estos términos para niños. Los llamábamos descoordinados o torpes. Un poco más adelante, hemos utilizado términos aún menos agradables, que ciertamente no vamos a repetir aquí. En estos días, gracias a Dios, entendemos mucho mejor. No podemos permitir que un niño con problemas de conciencia espacial supere sus dificultades agitando la varita mágica de una pelota de fútbol, pero sin duda podemos ayudar. Para nosotros, los entrenadores, es una gran responsabilidad.

Por supuesto, es poco probable que tengamos muchos niños que tengan grandes problemas en esta área, especialmente si estamos guiando en el límite superior del rango de edad. Es muy triste que estos niños hayan decidido que el fútbol no es para ellos. Otra área en la que han tenido poco éxito. Pero todos los jóvenes están aprendiendo a mejorar su conciencia espacial, e incluso donde la conciencia espacial está muy desarrollada, la conciencia espacial se vuelve mejor. Los próximos entrenamientos ayudarán a nuestros jóvenes jugadores a ser más conscientes del entorno en el que juegan, de hecho, todos los entrenamientos y técnicas que cubrimos en este libro serán para ayudar a los jóvenes a dominar el control motor y la conciencia espacial y su lugar en el espacio.

De hecho, cuando instruimos a los jóvenes en nuestro hermoso juego, no solo les ayudamos a desarrollar buenos hábitos de vida, amistades, fortaleza mental y habilidades sociales, sino que también les ayudamos a tomar conciencia de su posición en su entorno y el control motor necesario para maximizar los beneficios de esa posición. Esta es la verdad que se extiende a través de cada capítulo de este libro, aunque no la repetiremos en cada sección.

Ejercicio: calentamiento simple

Este es un entrenamiento útil para usar durante el calentamiento, ya que es muy fácil de aprender e involucra mucha actividad para el jugador.

Disponible para: Cualquier edad.

Objetivo: Driblar con posesión de la pelota mientras presta atención a los cruces. Caminar a través de la red con la conciencia de un driblador.

Equipamiento: Rejilla de 20 metros por 20 metros. Balones.

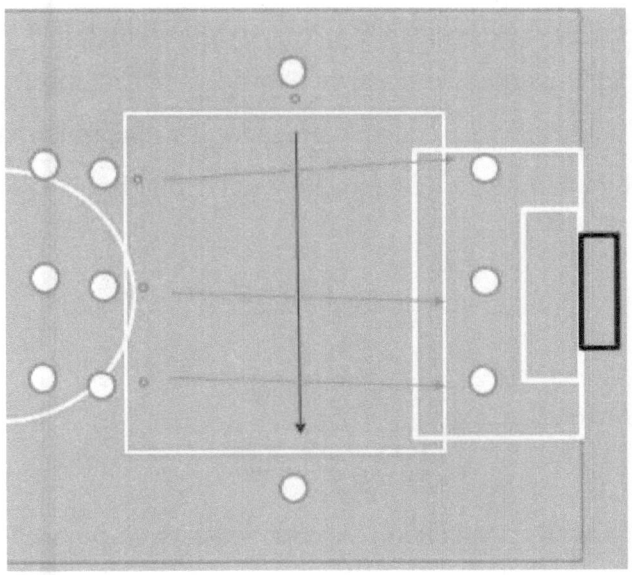

Operación del ejercicio: El entrenamiento aquí explicado involucra a 11 jugadores, pero puede ser utilizado en mayor o menor medida. Colocar a los tres jugadores uniformemente en un lado de la cuadrícula. Todos tienen una pelota. Otros tres jugadores se alinearán detrás de ellos y otros tres en el otro lado de la cuadrícula. Aproximadamente en el medio de la cuadrícula hay dos jugadores opuestos que también tienen una pelota.

Los últimos tres jugadores driblan a través de la red y luego pasan la pelota a los tres compañeros de equipo en el lado opuesto. Estos luego driblan de vuelta, y así sucesivamente. Mientras tanto, los dos jugadores a través de la cuadrícula pasan el balón hacia atrás y adelante.

Estos dos jugadores deben pasar el balón regularmente con uno, dos o tres toques dependiendo del nivel de habilidad, pero también deben ser conscientes del driblador. Todos los jugadores trabajan lo más rápido posible, pero manteniendo la conciencia del driblador.

Cambiar a los pasadores regularmente.

Habilidades clave:

- Driblar utilizando los cordones para empujar la pelota.
- Manténgase cerca de la pelota para evitar los pases que cruzan el campo.
- Cambiar el ritmo y la dirección para evitar el pase.
- Pasar firmemente con el empeine del pie.
- Pasar el balón con conciencia del driblador.
- Al recibir la pelota, avanza el hombro hacia la pelota, es decir, media vuelta. Esto desarrolla esta habilidad y permite al receptor mover la pelota para crear un ángulo para evitar al jugador driblando.

Desarrollo:

Agregue un par adicional de pasadores.

Ejercicio: El Fujitivo

Es una actividad animada y dinámica que se asemeja a los tradicionales juegos de diversión pirata. Este es uno que ayuda a desarrollar la conciencia espacial mientras proporciona una gran cantidad de movimiento y cambios de dirección. Si existe una instalación, puede hacerse en el interior, utilizando una alfombra de gimnasio como un espacio "seguro".

Usar con: Debido a que no involucra la pelota hasta el final, se requiere menos coordinación que un entrenamiento similar, por lo que funciona bien para niños pequeños. Sin embargo, las personas mayores de nuestra edad también disfrutarán del elemento de persecución. Esto es básicamente un juego de persecución que es efectivo como calentamiento o para proporcionar variedad en otros entrenamientos más estáticos.

Una advertencia: crear el entorno para este ejercicio lleva un tiempo, así que hágalo con antelación o encuentre un ayudante para preparar la actividad mientras el grupo hace otras cosas. No hay reglas rígidas y rápidas sobre cómo configurar una campaña. Sin embargo, ponga la seguridad en la parte superior de su plan, ya que habrá muchos movimientos y movimientos durante el ejercicio.

Objetivo: Escapar del cautiverio como un equipo. Para "escapar", el criminal debe pasar a través de varios peligros sin ser marcado y luego anotar puntos.

Equipamiento: Muchos. Pelota para "escapada". Estos se colocan dentro de la distancia de disparo del objetivo. Casacas, se requieren tres colores.

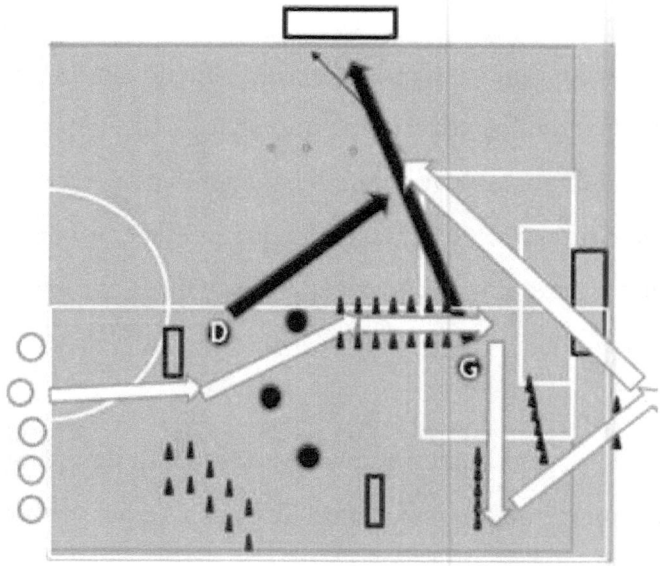

(Nota: el diagrama muestra mucho menos cuadrículas de lo esperado y los movimientos de los jugadores son limitados. Esto se debe a que el diagrama se vuelve más confuso rápidamente. El propósito de este ejercicio es que todo el mundo esté en movimiento y se vuelva un desorden (no muy) organizado por unos minutos. ¡Con toda la diversión!)

Operación del ejercicio: Dividir el grupo en dos. Un grupo son los "criminales" y el otro los guardias. El objetivo es permitir que tantos delincuentes escapen como sea posible (a través de varios peligros sin ser atrapados y luego anotar goles). Los guardias llevan casacas. Una persona está vestida de un color diferente, él o ella es el portero, él o ella puede ir hacia la portería para salvar un disparo y evitar que el criminal escape. El otro lleva una casaca de un tercer color. Este es el defensor, que puede intentar interceptar a los criminales cuando intentan "saltar el muro" anotando un gol.

Establezca la cuadrícula con la mitad del espacio, cubriendo la mitad del ancho del espacio. Configure una portería en la línea de contacto opuesta y coloque algunas pelotas a unos 20 metros de la portería.

Hay muchos obstáculos en la cuadrícula, como maniquíes o pequeños objetivos portátiles. Establecer "paredes" de conos que ningún jugador pueda cruzar, etc. Configurar algunos "túneles". En el otro extremo de la línea de salida se estableció una puerta a través de la cual los criminales tendrán que escapar.

Los "túneles" son zonas seguras para los delincuentes y los guardias no pueden entrar.

Los criminales comienzan en un extremo. Tienen dos minutos para escapar. Escapan a través de una puerta de escape y luego pasan a la zona de tiro para anotar. Si anotan, huyen. Si están marcados en el área de la cuadrícula o no anotan (disparo salvado, tackle o disparo fuera del objetivo), deben regresar a la línea de salida.

Cada criminal que escapa de la prisión cuenta un punto. Al final de los dos minutos, cambie las casacas y cambie de roles. Entonces el otro equipo intentará escapar. Este juego se puede ejecutar tres o cuatro veces para ver quién obtiene el mejor puntaje total.

Este es un juego complicado, aunque los entrenadores se adaptan a sus necesidades. Sin embargo, en aras de la claridad, la descripción anterior se repite a continuación en un formato de viñetas.

- Dividir en dos grupos: criminales y guardias.

- Los guardias llevan casacas. Hay menos guardias que criminales.
- Hay dos objetivos situados a 90 grados entre sí.
- Uno de los guardias llevaba casacas de diferentes colores. Estos son los porteros, a quienes se les permite ir a la portería en cualquier momento.
- Otro guardia lleva una casaca de tercer color. Esta es la posibilidad de que el defensor se mueva al área de la portería en caso de una falta atrapa la pelota. Luego, pueden intentar interceptar a los criminales antes de anotar.
- El objetivo de los guardias es "atrapar" a los criminales.
- Los delincuentes comienzan desde la línea de salida.
- Deben pasar por la puerta opuesta.
- Deben evitar todo tipo de obstáculos.
- También habrá túneles hechos de conos. Estas son zonas seguras donde los delincuentes "se esconden". Los guardias no permiten entrar en el túnel.
- El delincuente escapa completando las dos etapas siguientes:

  - Pasa por la puerta sin ser marcado.

  - Luego corre hacia una pelota y marca un punto.

- Si el criminal es atrapado antes de pasar la puerta, o no marca un gol, vuelve a la línea de salida para intentarlo de nuevo.
- El delincuente tiene dos minutos para escapar.

Habilidades clave:

- Comunicación con compañeros de equipo. Por ejemplo, es fácil quedarse atrapado en un túnel, así que formar un equipo para escapar. Del mismo modo, una vez pasada la puerta, el jugador está seguro desde ser marcado, por lo que puede esperar a que algunos compañeros de equipo ataquen el objetivo al mismo tiempo, aumentando las posibilidades de anotar.

Desarrollo:

- Introducir otras habilidades de "escape", como diez malabares o escalar paredes, para acompañar otras habilidades que se están desarrollando en la sesión.

Ejercicio: La Portería no se Mueve

Hace muchos años, antes de que se hiciera famoso por derrotar al gobierno británico y a la BBC con sus campañas de Twitter, el delantero inglés Gary Lineker torturó la Primera División y la defensa internacional con sus amenazas de gol. Una vez, después de una actuación particularmente impresionante, un presentador de deportes le preguntó cómo sabía dónde disparar cuando estaba de espaldas a la portería. —Bueno, la portería no se mueve —respondió sonriendo.

Por supuesto, el Sr. Lineker tiene razón. Pero eso no significa que los jugadores jóvenes siempre sepan dónde están sus porterías. Los siguientes ejercicios ayudan a desarrollar esta conciencia a través de la práctica y utilizar marcadores para ayudar a orientarte.

Usar con: Este es un ejercicio de bastante alto nivel de habilidad, y aunque es ideal para jugadores mayores de 8-12 años, los jugadores más jóvenes pueden tener dificultades con la coordinación de sus giros.

Objetivo: De espaldas a la meta, controlar y dar la vuelta bajo presión, apuntando al poste lejano para disparar.

Equipamiento: Pelota. El maniquí actúa como un defensor fijo, aunque un defensor real puede ser utilizado. Portería, portero y alimentador.

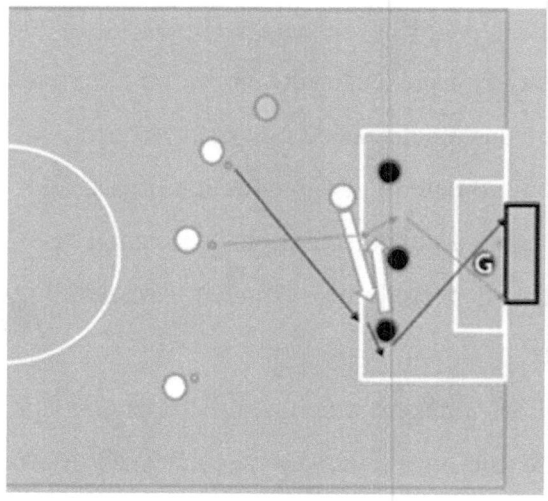

(Tenga en cuenta que, en el diagrama anterior, las líneas negras finas representan el primer grupo de pases, toques y tiros, y las líneas grises claras representan el segundo grupo)

Operaciones de ejercicio: El ejercicio involucra a ocho jugadores, o cinco si se utiliza un maniquí. Establecer tres defensores (maniquíes) a lo largo de la anchura de la portería, justo dentro del área de penalti. El delantero está a un metro por delante de esta línea. Hay alimentadores y el entrenador indica de quién se pasará el balón (o un líder puede ser designado para decidir esto). El delantero corre delante del defensor. El delantero puede elegir cuál atacar, siempre y cuando cambie de posición. El movimiento es esencial para encontrar el espacio necesario para disparar. Recibe un pase en medio giro, controla el balón, se gira y dispara, apuntando al poste lejano. Entonces él o ella inmediatamente corre frente al nuevo defensor

Habilidades clave:

- Primer toque en medio giro, retira la pelota de los pies del delantero y permite girar y disparar.
- Golpear la pelota limpia con los cordones para obtener fuerza o con el empeine del pie para obtener precisión o rizado.
- Apunte al poste lejano (cualquier poste cuando la lente está en el centro).
- Manténgase en movimiento en todo momento.
- Utilice los indicadores en las líneas de campo, bolsas de pelota o cualquier otra cosa para ayudar a determinar la posición. (Tenga en cuenta que, una vez utilizado en este entrenamiento, un buen jugador, después de haber golpeado el objetivo varias veces al principio, continuará disparando fuera. Cuando se le pregunte por qué, el joven dirá que estaba usando un marcador para ayudarlo a encontrar la columna. Desafortunadamente, el resultado fue que eligió una hoja en la cancha, que se movió unas yardas después de una ráfaga de viento. ¡Asegúrese de que los jugadores elijan algo que no sufrirá el mismo destino!)

Desarrollo:

- Permitir que los defensores reales se muevan y presionen la pelota si se utilizan.

Ejercicio: Zona de Dribbling

Es un entrenamiento conveniente que sirve como calentamiento, además de desarrollar la conciencia espacial y habilidades de dribling.

Usar con: Cualquier edad

Objetivo: Driblar entre áreas de diferentes formas, prestando atención a los movimientos de sus compañeros de equipo.

Equipamiento: Cuatro rejillas, balones.

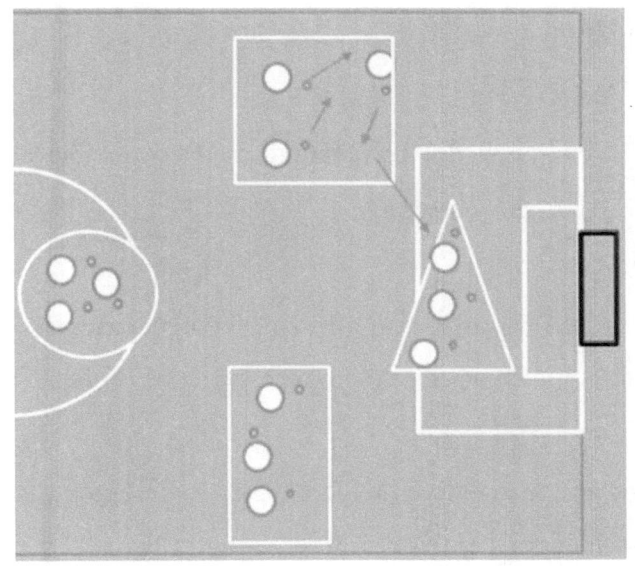

Operación del ejercicio: Configure cuatro cuadrículas de diferentes formas según el diagrama. Los jugadores se dividen entre las cuatro cuadrículas. Esta es también la cantidad máxima permitida para cualquier cuadrícula a la vez. Los jugadores driblan la pelota dentro de la cuadrícula durante 15 a 20 segundos sin contacto con otros jugadores. El entrenador silba y los jugadores driblan a cualquier otra cuadrícula. Sin embargo, deben ser conscientes de los movimientos de sus compañeros de equipo para asegurarse de que el número máximo en cualquier cuadrícula no pase. Driblan en la nueva cuadrícula durante 15 a 20 segundos, y así sucesivamente. Repita cinco o seis veces. Haga una pausa para obtener retroalimentación sobre los desafíos y técnicas y repita.

Habilidades clave:

- Driblar con control absoluto
- Conciencia del movimiento de los compañeros de equipo
- Toma de decisiones

Desarrollo: Añada defensas entre las zonas con quienes deben tratar de taclear mientras los jugadores se mueven entre las rejillas.

Al trabajar con este tipo de ejercicios, ayudaremos a acelerar el desarrollo de la conciencia espacial del jugador. Es un proceso natural para la mayoría, pero podemos serles de ayuda.

Ejercicios de Pases

¿Qué se considera un buen pase en el fútbol? Tal vez es algo que sepamos instintivamente, pero aun así es difícil de definir, o desmenuzar en los elementos que lo componen. Pero si vamos a enseñar a jugadores jóvenes cómo volverse buenos pasando el balón, debemos asegurarnos de que entiendan en qué consiste un buen pase, y cómo se ve un mal pase. Estas características permean cualquier ejercicio que se enfoque en la habilidad de pase, y un buen entrenador lo debe de reiterar constantemente, tanto al grupo como a jugadores de forma individual.

La primera característica, y quizás la más obvia, es la precisión. Del mismo modo, podemos definir cómo se ve un pase exacto. Porque depende de la posición del receptor, la posición del oponente y el propósito del pase. A veces, el propósito de la entrega es inyectar velocidad en el ataque, lanzando una contraofensiva. En otras ocasiones, será para la ventaja táctica, como cuando se busca cambiar el estilo de juego y mover la defensa del oponente. Ocasionalmente, los pases ralentizan deliberadamente el juego y permiten a los compañeros de equipo recuperar su posición. Así que el concepto de precisión es un festín móvil. Sin embargo, dentro de esta definición, podemos aplicar algunas reglas amplias para inculcar en nuestra juventud acusación. Para un jugador que se *queda quieto o corre hacia el portador de la pelota*, el pase es mejor con los pies. Esto da la máxima oportunidad de controlar la pelota y defenderla de cualquier ataque oponente.

Sin embargo, *para un jugador que corre hacia adelante,* incluso en un ángulo, el pase ideal se hace frente a ellos para que puedan atrapar el balón sin interrumpir el paso. Esto asegura que la velocidad de movimiento no se pierda. Por supuesto, la posición del defensor más cercano determina cuán lejos está el pase por delante del receptor.

La segunda característica de un mejor pase es su velocidad. La velocidad del pase tiene en cuenta el movimiento y el nivel de habilidad del receptor. Por ejemplo, *un jugador que corre hacia la pelota* requiere un pase ligeramente más suave, o la velocidad combinada de la pelota en la dirección opuesta a la que el receptor está corriendo significaría que el control es difícil. Una pelota golpeada frente a un compañero de equipo necesita ser pesada para que *el jugador pueda tomar el control sin necesidad de cambiar de dirección o velocidad.*

El siguiente factor clave es el momento. Es difícil de definir, casi instintivo. Aunque, como cualquier entrenador sabe, ¡el instinto mejora con la práctica! Los mejores pasadores pueden leer los movimientos de sus compañeros de equipo y sus oponentes. Ellos eligen momentos en los que el oponente no puede interceptar porque están demasiado lejos, o se concentran en otro papel defensivo, como proteger el espacio o marcar al oponente. Leen los movimientos de sus compañeros de equipo y si están esperando un pase. Podemos alentar a nuestros jugadores jóvenes a ver el fútbol profesional y asimilar la forma en que los mejores pasadores tienden bien sus pases.

El gran pasador "ve" la pelota asesina (no estamos seguros de que esta percepción se pueda enseñar, pero es innata en cada jugador, más o menos presente). Como entrenadores, con entrenamiento, estímulo y buenos consejos, podemos ayudar a los jugadores a desarrollar su potencial en este ámbito. Los grandes pasadores leen el desarrollo del juego y son conscientes de cómo se desarrolla el espacio. Son capaces de engañar a sus oponentes golpeando la pelota con anticipación o retraso, utilizando diferentes partes del pie o engañando al defensor con sus ojos. Sin embargo, hay un factor que probablemente sea más importante que cualquier otro, porque sin él, nunca tendrán la oportunidad de pasar el balón. Esa es la capacidad de tener un buen primer contacto. Esto significa proteger la pelota durante la recepción, amortiguarla a poca distancia del pie e idealmente recibir la pelota en medio vuelta. Esta técnica requiere la recepción de la pelota en una posición entre ángulo recto con la pelota (orientada hacia el pecho) y lateral (orientada hacia los hombros). El cuerpo se gira a medio, lo que significa que cualquier pie puede controlar la pelota. El primer toque puede proteger la pelota, reenviar el ataque hacia adelante o girar hacia atrás para proteger la pelota.

Un buen primer toque da al jugador tiempo para encontrar y pasar el balón, y si hubiera tenido tiempo, la mayoría de nosotros nos acercaríamos más a Iniesta que a los defensores centrales de los años 30.

Ejercicio: Ronda de Calentamiento

Vaya a ver a un equipo profesional líder, durante el calentamiento previo al partido, y utilizará los siguientes tipos de rondas de pase. Si es lo suficientemente bueno para los mejores jugadores, entonces es lo suficientemente bueno para nosotros. Este ejercicio es muy sencillo y es una buena manera de comenzar una sesión. Un problema con el que los entrenadores estarán familiarizados es que las reuniones con los niños a veces tienen un mal comienzo, ya que los entrenadores interactúan con los padres, responden preguntas, etc., mientras que los jugadores tienen poco que hacer. Luego caen en las esquinas o disparos en los que sólo unos pocos se involucran, mientras que los demás se aburren. Esto significa un comienzo caótico de una clase, y todo profesor sabe que una clase que empieza mal rara vez mejora.

Sin embargo, podemos decirle a nuestros jugadores que cada sesión comienza con el siguiente entrenamiento. No se necesita nada más que una pelota y puede ser organizada por el equipo mismo. Incluso el jugador de fútbol más joven entenderá lo que se necesita aquí. Al mismo tiempo, este entrenamiento fomenta la buena técnica asegurándose de que el jugador está en la posición correcta para recibir la pelota y bajar rápidamente.

Usar con: Todos los grupos de edades.

Objetivo: Mantener la posesión de la pelota frente a un oponente limitado.

Equipamiento: Balones.

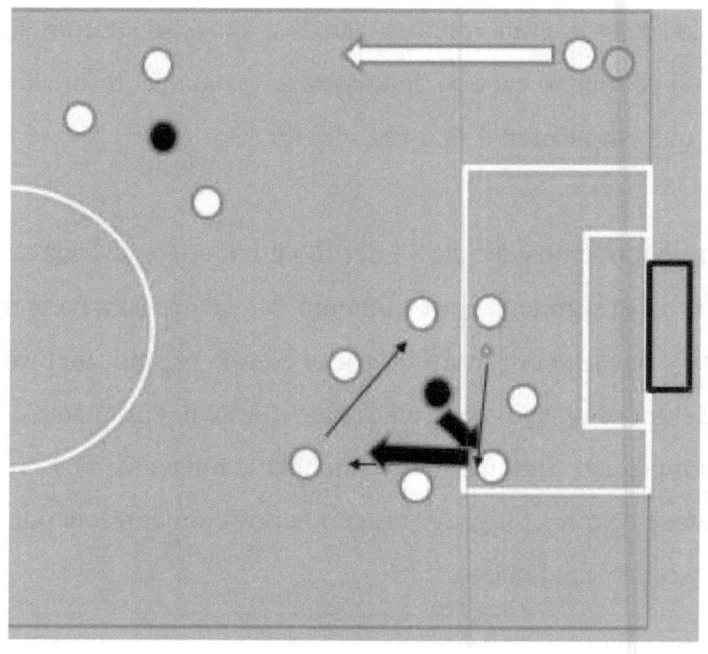

Operación del ejercicio: Los jugadores se unen al evento cuando llegan a la sede. Forman un gran círculo de aproximadamente 8 a 10 metros de diámetro y pasan la pelota a través de esta zona. Un jugador está en el medio y debe interceptar la pelota. Después de lograrlo, el jugador intercambia con el jugador que acaba de perder la posesión de la pelota.

A medida que el grupo crece, se necesitará menos movimiento. Asegúrese de que el conjunto específico de jugadores no se vuelva demasiado grande. Establezca el límite en aproximadamente siete u ocho participantes, una vez que el recién llegado se una a sus compañeros de equipo, tres interrupciones se unirán a los recién llegados y comenzarán el segundo grupo a trabajar en este entrenamiento de pase de ronda.

Habilidades clave:

- Descubre dónde va a pasar la pelota a través de la comunicación visual, gesticular y verbal.
- Recepción de la pelota con los dedos de los pies, con los hombros hacia arriba en la media vuelta.
- Un toque para mantenerse alejado del oponente y un segundo toque para pasar el balón.
- Paso suave del empeine del pie.

Desarrollo:

- Para grupos fuertes, haga que los círculos sean más pequeños, lo que requiere un mejor primer contacto, aumentando la presión.

Ejercicio: A Través de la Puerta

Uno de nuestros entrenamientos de pase favoritos consiste en tres grupos de cinco jugadores que pasan de un extremo a otro de una rejilla larga, tratando de evitar al equipo ubicado en el centro, que deberá interceptar las entregas en curso. Es un buen ejercicio, pero también aparece en otros libros, es complicado y puede ser un poco demasiado difícil para la mayoría de las personas menores de 10 años. Se trata de un entrenamiento basado en muchas de las mismas habilidades, pero con menos necesidad de golpes fuertes y largos, por lo que es más adecuado para nuestro rango de edad.

Usar con: Personas de todas las edades, aunque puede no plantear un desafío suficiente para las personas más capaces menores de 12 años.

Objetivo: Pasar la pelota de un extremo de la cuadrícula al otro con precisión a lo largo del suelo.

Equipamiento: Pelota, rejilla, cono, casaca.

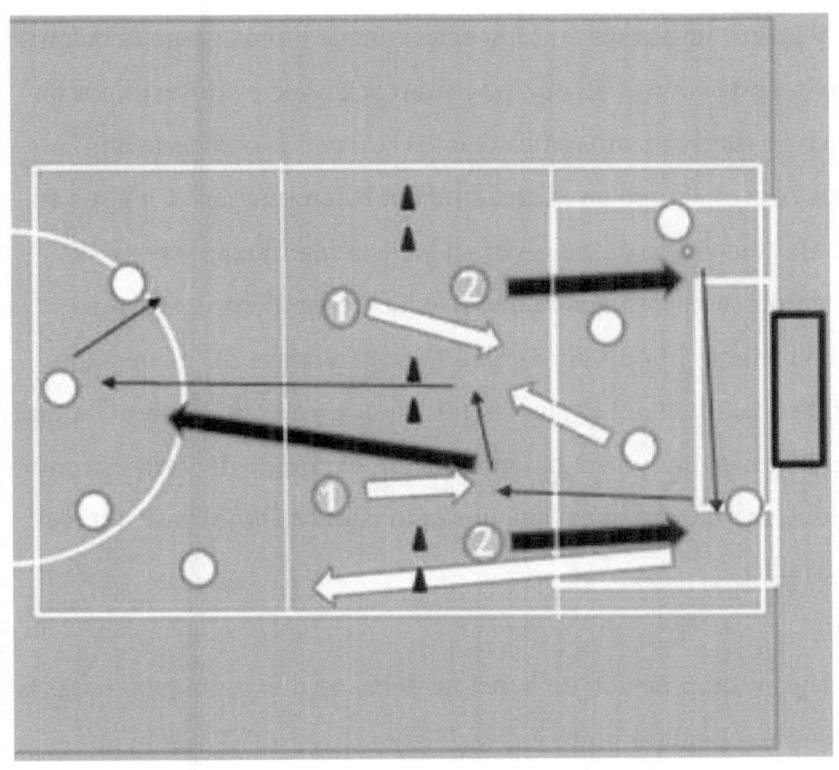

Operación del ejercicio: El ejercicio se lleva a cabo en una cuadrícula de 30 metros de largo y 20 metros de ancho. Se divide en tres partes iguales. En la sección central hay tres "puertas" a través de las cuales debe pasar la pelota. Los doce jugadores se dividen en tres equipos de cuatro jugadores cada uno, con cuatro jugadores en el centro, que cambian de papel dependiendo de la posición de la pelota.

Hay cuatro jugadores en cada extremo que juntos pasan el balón a través de la porta central. El equipo medio se divide en dos equipos en parejas, con casacas de diferentes colores. Un par se convierte en ayudantes para el equipo en la posesión del balón (número 1 en gris en la imagen). Tienen que permanecer en la zona intermedia y pasar el pase al equipo en posesión para que puedan llegar al otro extremo a través de la puerta. El otro par es el defensor (número 2). Tienen que entrar en la zona final del equipo en posesión y tratar de ganar el balón. Mientras tanto, el equipo sin balón, es decir, el equipo del otro extremo de la pelota, se mueve a su propia posición para recibir el pase a través de la puerta.

El equipo en posesión de la pelota debe crear espacio para pasar la pelota a sus compañeros temporales en la zona central. Pasaron la pelota en el área. Uno de los miembros de su equipo puede entonces entrar en el área central para recibir un pase de retorno, golpeando la pelota a través de la puerta y al otro extremo del campo.

Cada paso exitoso a través de la puerta hacia la otra zona final recibe un punto. Si la pelota está fuera de límites y el defensor gana la pelota, o la pelota es cruzada y no se anota, el juego se reinicia con el receptor en posesión de la pelota.

Una vez completado el pase, sucede lo siguiente.

1) El equipo en el otro extremo ahora se convierte en el equipo en posesión de la pelota.
2) El equipo que acaba de completar el pase se retira o permanece en su zona final para prepararse para el siguiente pase.
3) Los dos jugadores que acaban de actuar como defensores se mueven de vuelta a la zona central y ahora se convierten en atacantes adicionales en la posesión del nuevo equipo.
4) Los dos jugadores que acaban de apoyar el ataque del equipo se mueven a la zona de extremo opuesta y se convierten en defensores.

Juegue durante tres minutos y luego intercambia grupos. Añade los puntos de cada equipo. El equipo en el medio debe cumplir con su papel lo mejor que sea posible. Son jugadores agudos y entusiastas, así que lo harán.

Habilidades clave:

- Trabajar en equipo para crear espacio para el pase en la zona media.
- El truco de pasar firmemente a través de la portería con el empeine del pie y llegar al otro extremo del campo.
- Medio giro para recibir la pelota (una habilidad tan importante, cuanto más joven es mejor) y el primer toque, dando al jugador en posesión la opción de su próximo pase.
- Presionar como defensores y trabajar juntos para detener el ataque.

Desarrollo:

- Introducción de uno o dos pases de toque en la zona central.
- Esto inyecta velocidad y, por lo tanto, es realista para la situación de juego, y requiere una técnica superior para mantener el control de la pelota.

Ejercicio: El Interruptor

Uno de los desafíos a los que se enfrentan los entrenadores en grupos de edad más jóvenes es el efecto tarro de miel. Aquí es donde los jugadores migran a la pelota y todos se ven privados de espacio. Aprender a jugar con el interruptor a temprana edad puede ayudar a prevenir esta dificultad y también ayudar a los jugadores más jóvenes a entender el espacio y la importancia de encontrarlo. A veces, los jugadores jóvenes sienten que no están involucrados a menos que jueguen directamente. Sin embargo, este interruptor les dice que el sentido de la posición es importante, y entonces cuando tienen la pelota, generalmente tienen el espacio necesario para usarla de manera eficiente.

Usar con: Todas las edades. Puede ser necesario reducir la anchura del campo, ya que los jugadores jóvenes tienen dificultades para patear la pelota a grandes distancias. Sin embargo, este es el principio técnico en el que nos enfocamos en este ejercicio, por lo que aún es bueno usarlo incluso con menores de 8 años.

Objetivo: Cambiar el estilo de juego y crear oportunidades de gol.

Equipamiento: Balones, portería.

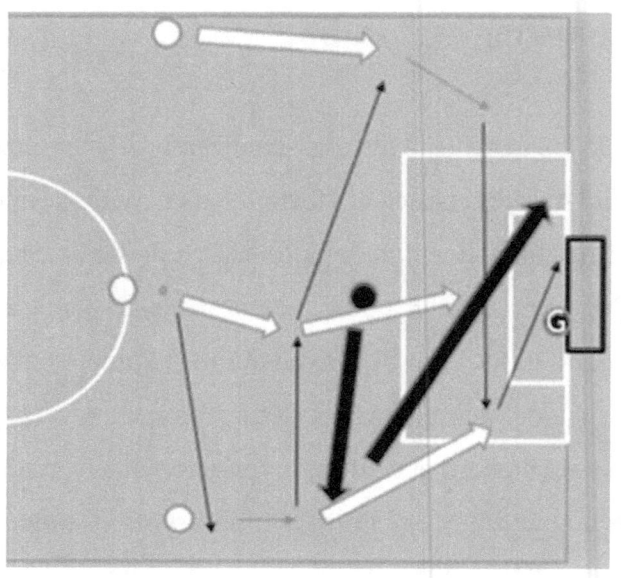

Operación del ejercicio: Tres atacantes, un defensor y un portero. Posición de rotación después de cada carrera. El entrenamiento comienza con el jugador en el medio. El defensor está en el lado opuesto de él o ella y los compañeros de equipo en ambos lados.

El jugador en posesión de la pelota pasa a cualquiera de sus compañeros de equipo. Ellos controlan el balón y siguen corriendo para atraer a los defensores. Cuando un defensor comete una falta, pasan el balón frente al jugador original. El jugador ahora coloca el primer pase frente a otro compañero de equipo. Espera a que el defensor sea tirado hacia atrás y luego tira la pelota hacia atrás para permitir que otros compañeros de equipo disparen.

Habilidades clave:

- Pasar pases precisos y firmes en el suelo para maximizar las posibilidades de posesión.
- Pasar el balón con el empeine del pie, cabecear sobre la pelota y golpear la pelota con fuerza.
- Pasar el balón frente a los compañeros de equipo para que puedan correr hacia la pelota.
- Primer paso si es necesario.
- Primer disparo, sin errores.

Desarrollo:

- En juegos pequeños, grite "Cambio" cuando sea apropiado para fomentar el uso de esta habilidad
- Recompensa los intentos de cambio para alentar a los jugadores a decidir por sí mismos utilizar el cambio en situaciones de carrera
- Del mismo modo, recompensa a los jugadores que mantienen una posición amplia mientras su equipo tiene el balón.
- Alternativamente, pierda al jugador central y convierte con un pase más largo. Esta es una habilidad más difícil que

requiere una mayor distancia de patada, mayor precisión en la distancia y un mejor control por parte del receptor, ya que es probable que tales pases se hagan en el aire.

Ejercicio: Pasar y Mover

Un pequeño entrenamiento sencillo pero efectivo que permite a los jugadores desarrollar el hábito de moverse después de pasar el balón. Es fácil de configurar y es activo para nuestros jugadores.

Usar con: Cualquier edad.

Objetivo: Buenas técnicas de pase y recepción, movimiento después de pasar.

Equipamiento: Cuatro conos, dos bolas.

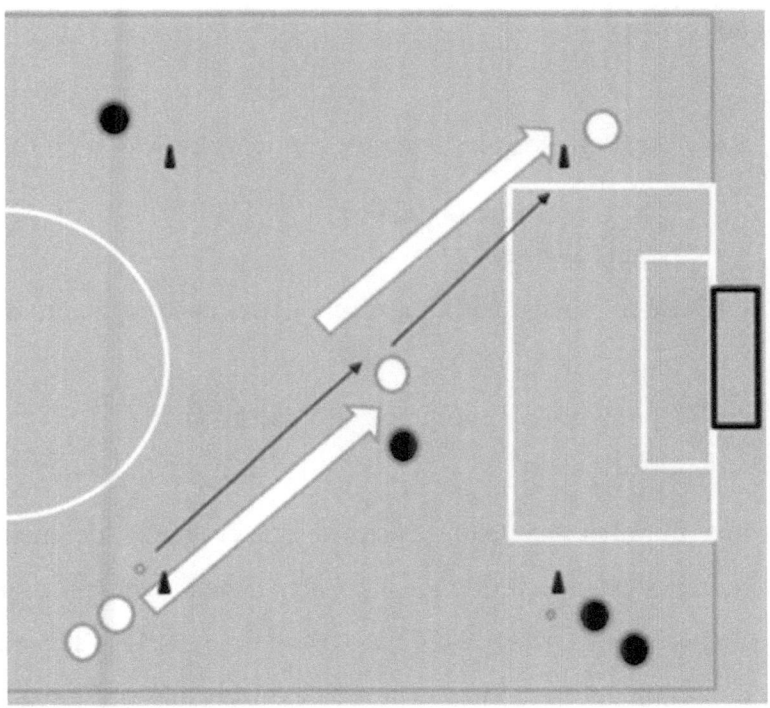

Operación del ejercicio: El entrenamiento requiere ocho miembros del equipo, pero también es posible trabajar con cuatro a doce miembros del equipo. Cuatro participantes, divididos en dos parejas y doce divididos en cuatro grupos de tres. Al entrenar con ocho jugadores, dividirlos en cuatro grupos de dos. Cada par comienza con un cono.

Habilidades clave:

- Pasar con los pies laterales, firmemente a lo largo del suelo.
- Seguir el pase.
- En la mitad del giro, atrapar el pase con cualquiera de los pies.
- Control para permitir un giro de 180 grados.

Desarrollo: Eliminar una pelota y permitir que el jugador del medio pase a cualquier esquina. Aquí, los jugadores deben jugar con su primer toque para permitirles pasar a su objetivo con el segundo toque. Se puede agregar un defensor en el centro para añadir más presión a los jugadores.

Un partido de fútbol es un drama. Los pases son líneas de trama, hermosas creaciones que ayudan a dar forma a la historia. Un drama también necesita ritmo y energía, es algo que impulsa al espectador hacia el final, y para el fútbol ese es un objetivo. No hay mejor manera para estimular el entusiasmo de la audiencia y no ser el enfoque de nuestro próximo capítulo.

Un pequeño mensaje del Autor:

Oiga, ¿le está gustando el libro? ¡Me encantaría escuchar sus ideas!

Muchos lectores no tienen idea de lo difícil que son los comentarios o cuán útiles pueden ser para el autor.

Si pudiera tomarse 60 segundos para escribir una breve reseña en Amazon, aunque sea solo unas pocas frases, ¡se lo agradecería mucho!

Vaya a la página del producto y deje un comentario, como se muestra a continuación.

¡Gracias por tomarse el tiempo para compartir sus ideas!

Sus comentarios realmente marcarán una diferencia para mí y ayudarán a obtener exposición para mi trabajo.

Driblar

Un disparo maravilloso, una tacleada crujiente, una gran salvación. Cada uno está diseñado para hacer que la multitud se ponga de pie. Han hecho del fútbol el mejor deporte del mundo. Pero para obtener esos momentos explosivos y dramáticos, necesitamos esperar. No hay nada más que un drible emocionante para despertar esa expectativa. Hay una sensación mágica de ver a Messi pasar por el ojo de la aguja con la pelota pegada a su pie, o a Vinicius Jr. estallando por el lado, dejando al lateral luchar detrás de él. Ver a Beth Mead o Lauren Kelly gruñir sobre los defensores. La multitud simplemente sabe que algo especial va a suceder. Simplemente sabemos.

Al igual que con cualquier otra técnica en el fútbol, hay varios ingredientes para un buen driblador. Pace es claramente uno de ellos. Aunque podemos ayudar a los jugadores jóvenes a correr más rápido ayudando a desarrollar técnicas y promoviendo un control muscular explosivo, no podemos convertir un rodillo de vapor en un Ferrari. Sin embargo, ese no es el problema. Para los jugadores de fútbol, el mayor obstáculo es la posesión del balón. Incluso un superdeportivo de medio millón de dólares puede ser domesticado por un Ford Fiesta que intenta superarlo si el jugador a menudo tiene que reducir la velocidad para tocar el balón. Ver clips de Maradona, Thierry Henry o Cristiano Ronaldo está en su apogeo y podemos ver estos poderosos coches deportivos jugando a su mejor nivel. Estos jugadores nunca empujan la pelota con grandes pasos, como si la pelota se hubiera convertido en una extremidad extensible, completamente bajo su control. Esta técnica es algo que podemos enseñar.

Incluso sin una velocidad explosiva, el dribler es efectivo. Pueden aprender las habilidades del drible; movimientos falsos, pasos, cambios de dirección causados por el giro o el gancho de Cruyff. Finalmente, un buen driblador puede crear espacio para otros al saber dónde correr, si cortar dentro con sus marcas para crear espacio fuera de ellos, o si acelerar y cuándo detener el pase para obtener el máximo efecto.

Ejercicio Nueve: Varios dribles

Un factor clave en la orientación de los niños de esta edad es mantener las lecciones activas. Hay un famoso dicho de la antigua China que resume perfectamente la filosofía aquí. No es original, ni siquiera inusual, pero es perfecto para mantenerse a la vanguardia de nuestro pensamiento mientras planeamos una reunión. Traduciéndolo aproximadamente, como dice el dicho:

"Lo escuché, pero lo olvidé.

Lo vi, lo recuerdo.

Lo sé, lo entiendo"

En definitiva, como entrenadores, hablamos menos y dejamos que los niños hagan más. Este es el secreto de una sesión de coaching exitosa. Este entrenamiento es tan fácil y activo que es tan adecuado para este método como una zapatilla de fútbol querida en un pie ligeramente dolorido. Cómodo y efectivo.

Usar con: Todas las edades.

Objetivos: Driblar bajo control y disparar un gol.

Equipamiento: Balones, conos.

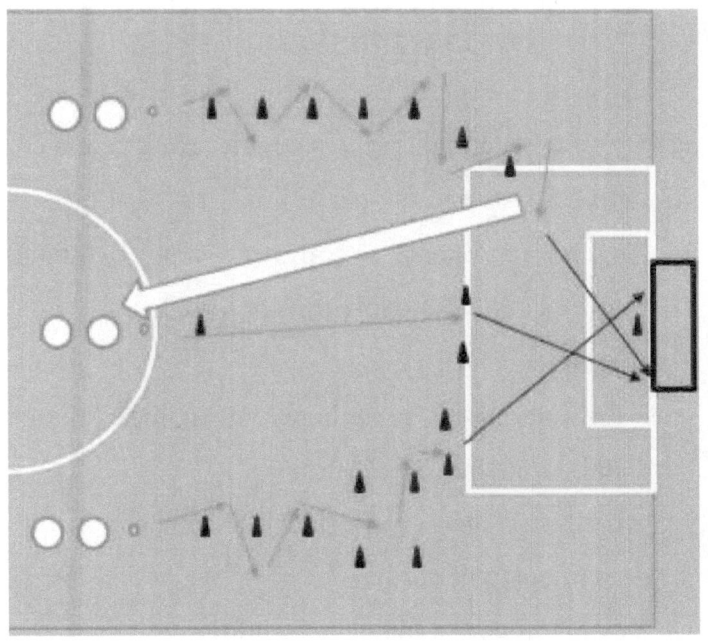

Operación del ejercicio: Dividir el grupo en tres. Configure tres zonas de dribling para adaptarse a las habilidades que desea perfeccionar. En el diagrama tenemos una carrera de drible a corta distancia, una carrera con la pelota y un camino que incluye pasos, cambios de dirección y disparos. El jugador simplemente completa la carrera, dispara en la esquina opuesta, recoge la pelota y se une a la siguiente carrera. Una vez que comienza el entrenamiento, toma vida propia y los niños están en acción casi continua. Como entrenador, la única organización que se necesita es dejar que el corredor ralentice si el hombre delante pierde el control de la pelota. De lo contrario, podemos centrarnos en los puntos de aliento y coaching.

Habilidades clave:

- Driblar con ambos pies, manteniendo la pelota cerca y listo para derrotar a su oponente.
- Usar los cordones para correr con la pelota, evitando interrupciones en la longitud de la zancada.
- Cruzar:
    - Levantar un pie sobre la pelota y colocarlo junto a ella;
    - Bajar el hombro opuesto;
    - Utilizar el lado exterior del otro pie para mover la pelota en dirección opuesta;
    - Acelerar con la pelota para salir.
- Disparar con el empeine del pie.
    - Mantener el equilibrio con los brazos;
    - Inclinarse ligeramente hacia atrás al apuntar en ángulos diagonales;
    - Si se utiliza el pie interno, la pelota debe doblarse hacia adentro y si se utiliza el pie más externo, la pelota debe doblarse hacia fuera. Tenga en cuenta este rizado al golpear la pelota.

Desarrollo:

- Añadir tareas de dribling alternativas, como combinar dribling de corta distancia, correr con la pelota o correr de zona de ritmo cambiando.

Ejercicio: Derrotar al Último Defensor

Queremos que nuestros jugadores piensen por sí mismos. En muchos sentidos, nuestro trabajo como entrenadores es armarlos con una variedad de habilidades y buenas técnicas, y luego darles la libertad de aprender lo que funciona y lo que no. Todos aprendemos del fracaso, siempre y cuando lo veamos como algo que ofrece oportunidades positivas en lugar de experiencias negativas. Los niños no son una excepción.

Para sacar el máximo provecho de este entrenamiento, es útil tener asistentes a mano, por lo que podemos trabajar con grupos relativamente pequeños de tres o cuatro jugadores y proporcionarles consejos de entrenamiento inmediatos y efectivos. Mantenga la retroalimentación breve; diga lo que va bien en cualquier carrera y tal vez sugiera otras técnicas que los jugadores pueden usar para derrotar al defensor. Estos pueden incluir cambiar la velocidad, pasos (incluso múltiples pasos si el jugador tiene la capacidad), Cruyff o gancho, bajar los hombros, etc.).

Usar con: Todos los jugadores.

Objetivos: Derrotar al último defensor y anotar un gol.

Equipamiento: Balones, maniquí.

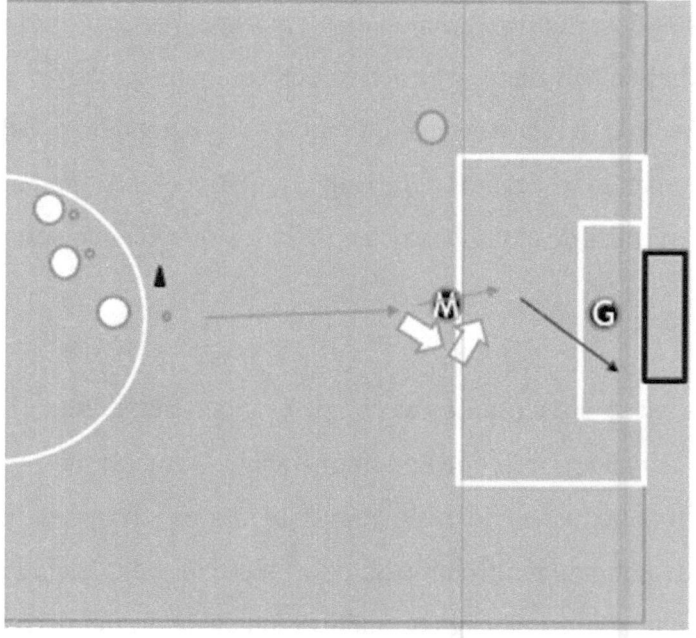

Operaciones de entrenamiento: Si es posible, trabaja con varios grupos, cada uno con portería, portero, maniquíes y tres o cuatro jugadores para tratar de entrenar. Es muy sencillo. Los jugadores se turnan para comenzar desde el cono. Driblan la pelota hacia el maniquí ubicado en el borde de la caja. Utilizan una habilidad de su elección para derrotar al maniquí. Luego anotaron un gol.

Habilidades clave:

- Prueba varias técnicas para derrotar a los defensores.
- Una vez creado el espacio, dispara lo más rápido posible, apuntando a las esquinas.

Desarrollo:

- Reemplazar el maniquí con un defensor activo.

Ejercicio: uno a uno

Este entrenamiento da a los jugadores la oportunidad de probar una variedad de habilidades en un entorno semi-competitivo. Es a la vez calentamiento y entrenamiento en sí mismo.

Usar con: Todas las edades.

Objetivo: Derrotar a un compañero utilizando una variedad de habilidades para driblar a través de la portería.

Equipamiento: Balones, conos

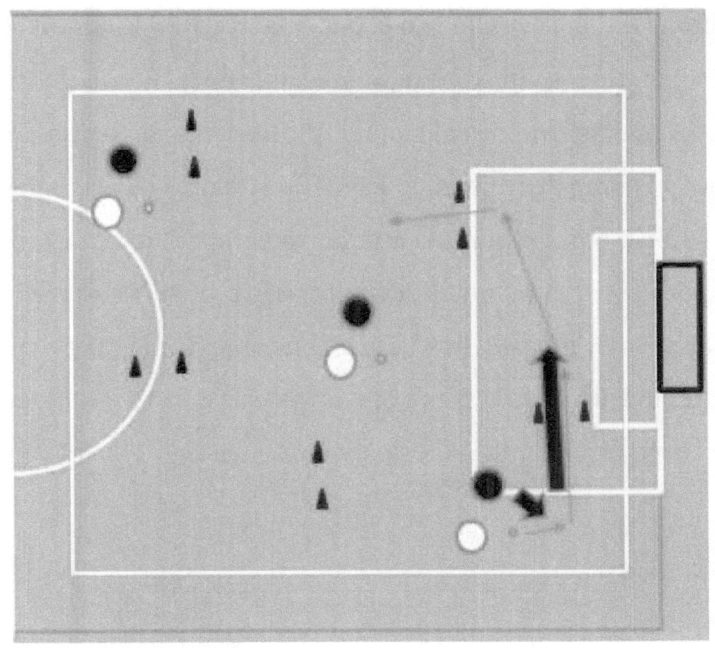

Operación de entrenamiento: Este es un entrenamiento sencillo que ayuda con el fitness, la defensa y, lo más importante de este capítulo, las habilidades de dribling. Configure una cuadrícula grande, cuyo tamaño se determina por el número de jugadores que participan. El uso de zonas de penalización o medio paso puede ahorrar tiempo en la disposición de la cuadrícula. Como siempre, cuanto más fuerte sea el jugador y mejor sea su técnica, menor será el área utilizada. Un conjunto aleatorio de puertas está dispuesto dentro de la cuadrícula. Los jugadores trabajan en parejas, uno como driblador y el otro como defensor. Entrenar de 30 segundos a 1 minuto, dependiendo de la edad del jugador. Treinta segundos no suena mucho, pero es un tiempo razonable para un movimiento rápido y sostenido. El dribbler debe pasar tantas puertas como sea posible. Probablemente dentro del límite de tiempo, su compañero intenta detenerlo (¡dentro de las reglas del juego!). Es bueno pasar por una puerta, hacer una vuelta Cruyff y regresar por la misma puerta desde la otra dirección. Si alguien hace un tackle, la pelota es pateada de vuelta al atacante. Cada puerta que pasa es equivalente a un punto. Tome breves pausas entre los períodos de tiempo y luego intercambie roles para continuar.

Habilidades clave:

- Derrotar a los jugadores y pasar a través de las puertas utilizando una variedad de técnicas de dribling.
- Defensa con los pies más débiles guiando al driblador fuera de la portería.

Desarrollo:

- Hacer el área más pequeña.

Ejercicio: Rodear al Portero

Este es un ejercicio divertido y a los niños les encanta jugar. Es sencillo de configurar e implica que el driblador acelera hacia el portero, lo derrota con un poco de habilidad y luego anota en una portería vacía. Permite que los jugadores también disparen en lugar de rodear al portero, pero insista en que utilicen una habilidad como una finta o un paso para engañar al portero y crear espacio para el disparo.

Usar con: Cualquier edad. Con la opción de goles más pequeños, los jugadores tendrán que ser más capaces, ya que es más difícil anotar puntos y a menudo requiere que el portero sea desviado.

Objetivo: Driblar el balón hacia el portero y anotar un gol.

Equipamiento: Porterías y balones.

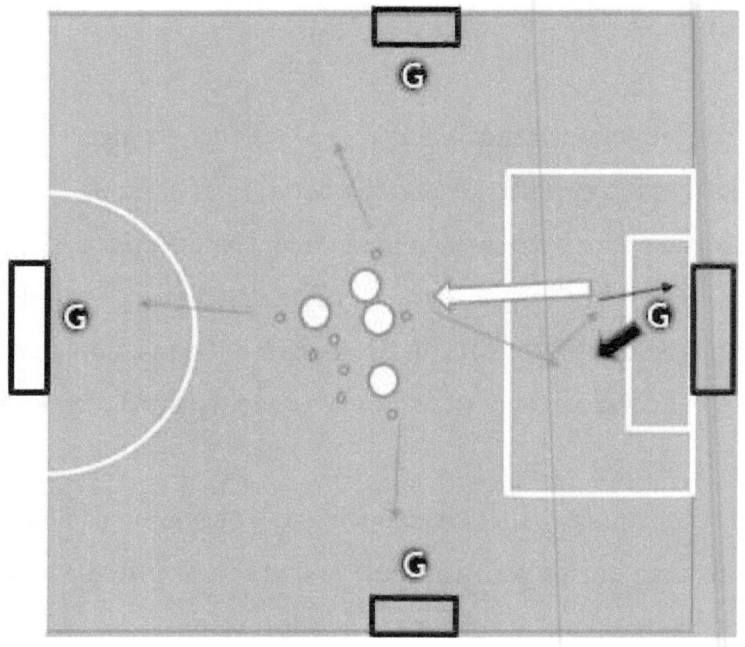

Operación del entrenamiento: No podría ser más fácil. En pocas palabras, el delantero dribla hacia el portero, tratando de rodearlos o sacarlos de su posición, e intentando anotar un gol. Para involucrar a más jugadores, una variedad de objetivos más pequeños se puede colocar alrededor del campo para permitir más variabilidad. Aquí, una vez completado el intento, el jugador recupera su pelota y sigue el gráfico para driblar hasta el siguiente objetivo. Ahora hay cuatro o más jugadores tratando de practicar al mismo tiempo. El nivel de habilidad requerido para cada intento también varía para objetivos de diferentes tamaños.

Habilidades clave:

- Correr rítmicamente con la pelota.
- Usar habilidades para engañar a los guardianes.
- Disparos precisos en la red.
- Animar a los jugadores a experimentar con múltiples habilidades.
- Mientras tanto, tratar de hacer que los jugadores desarrollen una habilidad icónica, una habilidad en la que serán muy buenos. En la práctica, esto puede incluir el uso de habilidades de marca registrada, como el paso y la finta, el 50% del tiempo, mientras que el resto del tiempo se prueba con otras habilidades.
- Los entrenamientos también proporcionan un buen ejercicio para los porteros. Deberán:
    - Avanzar para reducir el ángulo;
    - Mantenerlo bajo y ancho, pero no caer en el suelo hasta que el jugador dispare o trate de rodearlo;
    - Mantenerlo lo más grande posible;
    - Si se enfrenta a un disparo, adopta la forma de estrella. Aquí, con los brazos abiertos, el cuerpo bajado, la pierna de soporte paralela a la meta, las rodillas dobladas y extendidas, mientras que la otra pierna está enderezada en la dirección opuesta.

- o Si el driblador intenta rodear al portero, debe esperar hasta que el atacante golpee la pelota más lejos para derrotarlo, en este punto tratando de desviar o recoger la pelota. El timing es todo, pero la responsabilidad de anotar goles recae en los delanteros, porque la mayoría de las veces deben anotar goles.

Desarrollo:

- Añadir un defensor, comenzando un poco detrás del driblador. Aquí, el defensor intenta ponerse al día y taclear, u obligar al jugador a disparar antes de lo deseado. Al mismo tiempo, es más difícil lidiar con los delanteros si driblan sobre los defensores, ya que existe la posibilidad de recibir un penal o recibir una tarjeta roja por cometer una falta como el último defensor y negar una oportunidad de gol. Por supuesto, los niveles de los que hablamos en este libro rara vez dan tarjetas rojas, ¡pero es bueno desarrollar los mejores hábitos temprano!
- Establezca un límite de tiempo en el que los jugadores pueden anotar puntos.
- Cada uno de estos desarrollos añade una presión de tiempo a los dribladores.

¡La emoción crece día a día! El pase y el drible han sido expuestos en los dos capítulos anteriores. Ahora es el momento de pasar a los elementos del fútbol, que son parte integral del propósito del juego. Es decir, marcar un gol.

Disparar

"Si no disparas, no puedes anotar". El cliché nunca ha sido tan cierto. Pero todos lo hemos visto, incluso en el más alto nivel de competencia profesional. Un jugador está en la mejor posición para disparar y pasar. Cubierta defensiva, oportunidad perdida. El suspiro colectivo de la multitud sonó lamentable. Sesenta mil personas se decepcionaron instantáneamente. Gritábamos "dispara" a la televisión o "dispara" desde una posición en las gradas, pero los jugadores optaron por no hacerlo. Lo más probable, porque en el momento de ofrecer la oportunidad, un minuto de duda entra en la mente del jugador. En un deporte que requiere decisiones instantáneas, eso es suficiente. Vacilación. La oportunidad se ha ido.

Nuestro equipo sub-9 puede no funcionar en la misma atmósfera de olla a presión, pero esta es una lección importante para los entrenadores de jugadores jóvenes. Debemos animarlos a disparar y darles recompensas cuando disparen. Alabar tus intentos. Podemos advertir de este elogio preguntando cuáles son las alternativas que tienen, pero solo si podemos ver que el disparo ha sido mal juzgado. Pero nuestro trabajo es construir su confianza, y lo hacemos alentando, no criticando. Asimismo, nos aseguramos de que los compañeros de equipo también animen a los jugadores, en lugar de hacerles saber que ellos estaban en una mejor posición y merecían el pase. ¡Todos estamos en una mejor posición cuando se pierde el tiro!

Esto es algo extraño. Cuando un portero se divide, él o ella generalmente salva la pelota. O sus movimientos obligarán al delantero a disparar fuera o fuera. Si sólo salvan uno de cada diez disparos, entonces podríamos buscar cortésmente un nuevo portero. Cuando un jugador pasa un balón, el pase encuentra a un compañero de equipo sesenta, setenta u ochenta por ciento del tiempo. Pero cuando un jugador dispara, es probable que no anote. Este es un aspecto del fútbol en el que el fracaso es más probable que el éxito. Sin embargo, queremos que nuestros jugadores sigan trabajando duro para anotar puntos, porque si no lo hacen, podemos perder el partido.

Se necesita mucha fuerza mental para jugar al fútbol. Una de nuestras tareas como entrenadores es asegurarnos de que todos nuestros jugadores tengan abundancia en esta característica. Una vez que hemos ordenado los aspectos mentales de los jugadores, entonces podemos concentrarnos en la técnica, leer el juego, desarrollar los pies más débiles, aprender a mover la pelota para crear espacio para disparar. En el momento de escribir este artículo, Erling Haaland ha anotado 42 goles para el Manchester City. Entre ellas se encuentra la extraordinaria hazaña de marcar cinco goles en tan solo 30 minutos ante el Leipzig (antes de causar más daño, fue sustituido), donde también anotó muchos hat-tricks. Hemos pasado dos tercios de la temporada, jugando principalmente en la liga probablemente más competitiva del mundo, la Premier League inglesa, y en la copa contra los mejores equipos, la Liga de Campeones. De hecho, en las primeras rondas de competiciones de nivel inferior, como la Copa de la FA, a menudo fue titular de suplente. Y sigue siendo el objetivo de 50 puntos en una temporada. Sin embargo, a pesar de esto, ha recibido muchas críticas y elogios de los medios de comunicación. Él no encaja en el estilo del Manchester City, debería haber marcado más goles. No ha anotado en tres partidos. No tiene suficientes toques en el juego. Sin embargo, ha anotado 37 goles. ¿Qué esperan los críticos? (También parece ser un hombre frío, racional y deportivo. ¿Puede hacer algo mal?)

Los jugadores que disparan causan indignación inexplicable en otros. Como entrenadores, tenemos que asegurarnos de que esto no se aplica a nuestro equipo. Ni de los padres a un lado, que lamentan el tiro, exigiendo un pase para su hijo o hija, después de todo seguramente marcarán... ni de los compañeros de equipo, cuya inmadurez en su juventud hizo que su natural decepción por las oportunidades perdidas fuera difícil de contener en su corazón. Como entrenadores, por supuesto no nosotros, incluso si vimos un buen movimiento fallar por un pase muy poco y un tiro demasiado temprano.

Pronto tendremos un capítulo sobre el poder espiritual. Pero la confianza en sí misma es el salvavidas de cada técnica y técnica en el fútbol, sin más como ese tiroteo. Debemos hacer todo lo posible para fomentarlo, no para debilitarlo. Con esta historia de advertencia, veamos las maneras en que podemos ayudar a nuestros jugadores a ser mejores cuando deciden que es hora de anotar un gol.

Muchos de nuestros otros entrenamientos incluyen un elemento de tiro, por lo que decidimos incluir dos entrenamientos aquí que fomentan el disparo rápido, donde nuestros jugadores son alentados a "reventar" cuando surge la oportunidad. Sin embargo, el primer entrenamiento desafía la rutina de que el entrenamiento debe ser positivo, dinámico e involucrar una gran cantidad de actividades para todos. Creemos que esta es una ocasión en la que el entrenamiento puede ser individual y requiere espera y observación. ¡Aquí podemos salirnos con la nuestra porque el resultado la actividad puede ser espectacular!

Ejercicio: El Disparo de Tijera

Usar con: Todas las edades.

Objetivo: Perfeccionar el disparo de tijera..

Equipamiento: Balones

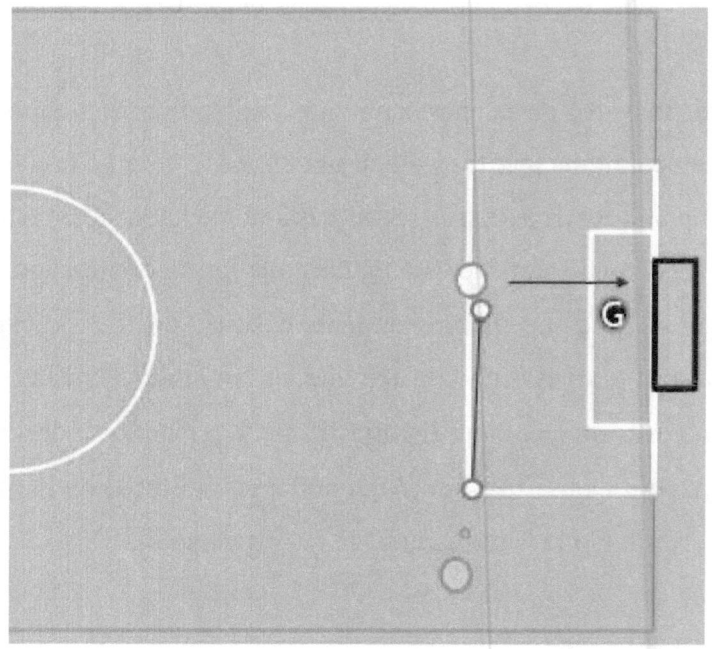

Operaciones de entrenamiento: Se requiere un alimentador, que probablemente sea mejor realizado por un instructor, ya que se requiere precisión. El portero también aumenta la diversión de la práctica, pero este jugador debe permanecer en su línea para reducir el riesgo de lesiones a sí mismo o al pateador. El lanzador lanza suavemente la pelota en el área penal con un lanzamiento de la axila. El delantero utiliza la técnica correcta (ver más abajo) para patear la pelota con tijeras.

Habilidades clave

La técnica lo es todo.

- Colocar el pecho de la bola hacia arriba;
- Cuando la pelota entra, moverse para golpear la pelota a la izquierda y derecha a la altura de la rodilla;
- Los brazos están extendidos para mantener el equilibrio y las piernas ligeramente separadas para proporcionar una base sólida;
- Cuando entra la pelota, girar la cadera de modo que el brazo que apunta hacia la portería ahora apunta hacia la pelota;
- Determinar el momento de golpear la pelota:
- Girar los brazos y las caderas hacia atrás hacia el objetivo para crear un movimiento en espiral;

- Mantener los brazos extendidos para mantener el equilibrio, balancear el pie exterior a la altura de la rodilla y golpear la pelota con el empeine o los cordones de los zapatos.

Desarrollo:

- Prueba con una patada en la cabeza.

Ejercicio: Disparar a Distancia

Es un entrenamiento bastante complicado para configurar y aprender, pero una vez que la operación es muy fluida e involucra a muchos jugadores.

Usar con: Mayores.

Objetivo: Crear espacio para disparar a distancia.

Equipamiento: Balones.

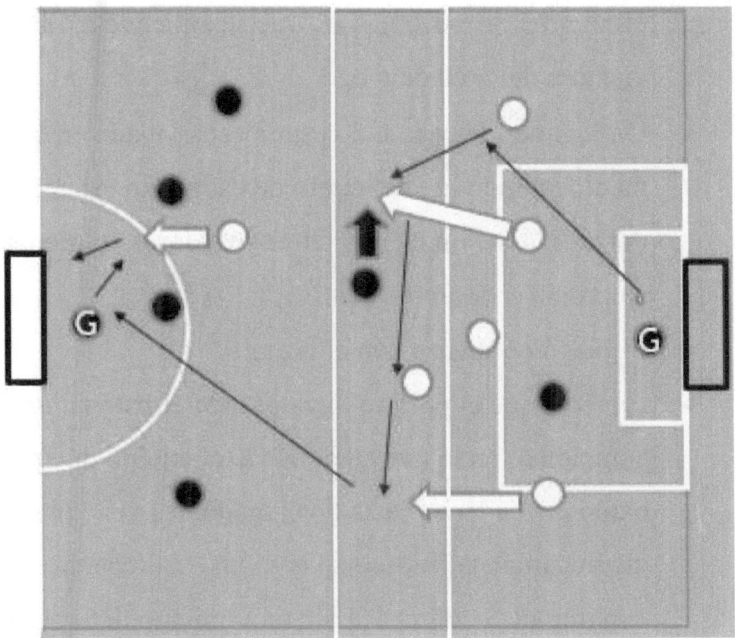

Operación del entrenamiento:

- Dos equipos de siete personas. Cada equipo tiene un portero, cuatro defensas, un centrocampista y un delantero. Se pueden utilizar seis u ocho por lado de este taladro. Agregue un delantero más numeroso o, si se utiliza un ala más pequeño, lleve a un defensor.
- Utilice la mitad de la cancha con un gol en cada extremo. En el centro hay un pasaje bastante estrecho, digamos, de

10 metros de profundidad, que se extiende a través de la anchura del área de juego.

- Un jugador de cada lado estará estacionado en el canal del mediocampo y un delantero de cada lado está en la zona defendida del oponente. Otros jugadores comienzan desde su propia zona defensiva.
- El juego comienza con el portero.
- Una vez que el portero haya pasado el balón a un compañero en la zona defensiva, el equipo que posee el balón puede tener hasta dos jugadores más en la zona mediocampista, formando aquí una sobrecarga o un máximo de 3 contra 1. Este movimiento debe ser fluido y no planificado. El jugador decide quién es el mejor para avanzar.
- El balón termina en la zona del centro del campo. No importa cuánto tiempo lleve esto, o si el atacante entra o sale de la zona, siempre y cuando el centrocampista asignado siempre permanezca allí y no haya más de tres centrocampistas del lado atacante dentro de la zona.
- Una vez en la zona del centro del campo, el ataque aprovecha su ventaja numérica para enviar el balón al espacio.
- Una vez alcanzado el objetivo, pueden disparar desde la distancia dentro del área del centro del campo.

- Sus delanteros estarán atentos a los rebotes.
- Si se pierde un balón en el área del centro del campo, el centrocampista que gana el balón puede disparar o devolver el balón.
- Si se produce un cambio de posesión, durante esta transición la defensa actual debe retroceder a su formación 4-1-1 y si lo desea, el equipo que gana el balón puede ahogar al mediocampo dentro de las reglas de entrenamiento.
- Después del disparo, el juego continúa, la defensa se convierte en ataque y el portero comienza a moverse de nuevo.

Habilidades clave:

- Comunicación.
- Aprovechar al máximo la conciencia táctica de la sobrecarga del mediocampo.
- Técnicas de disparo.
- Estar atento al desarrollo del juego (conciencia táctica).

Desarrollo

- Aumentar el número de personas en el área del mediocampo para reducir el espacio.

Ejercicio: Fuego Rápido

Este es un entrenamiento de movimiento rápido que replica la presión de disparar en el juego.

Usar con: Todas las edades.

Objetivo: Mover la pelota rápidamente y crear tiros.

Equipamiento: Balones.

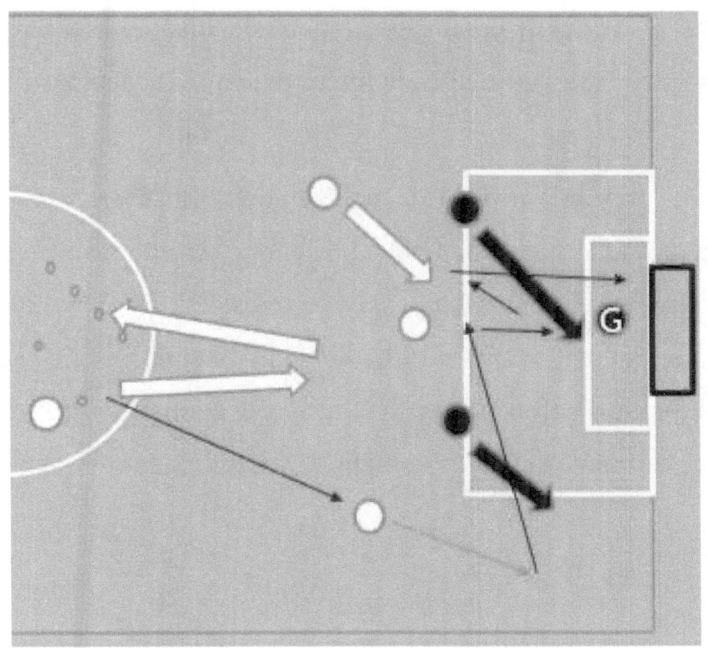

Operación de entrenamiento: Este es un entrenamiento de ronda de 4 contra 2 más un portero. Los atacantes tienen tres minutos para marcar tantos goles como puedan. Un punto para disparar, tres para golpear el objetivo y cinco para anotar un gol.

Usa medio paso. Dos defensores comienzan desde su área. Los atacantes pueden comenzar en cualquier lugar. Las pelotas se colocan en el semicírculo de la línea media. Los jugadores reciben la pelota y pasan o driblan rápidamente. Los compañeros de equipo se mueven para estirar la defensa y crear espacio para disparar. El equipo atacante dispara cuando cree que está en la mejor posición para anotar.

Después de golpear la pelota, el atacante vuelve al semicírculo y comienza otro ataque con una pelota diferente. El entrenador debe ser proactivo en este entrenamiento, señalando espacios y movimientos. Por lo tanto, este entrenamiento funciona mejor si el asistente puede realizar diferentes actividades con el resto del equipo, lo que permite al entrenador centrarse en los movimientos y habilidades del jugador.

Habilidades clave:

- Comunicación.
- Movimientos que crean espacios.
- Mueve la pelota rápidamente para replicar las transiciones en situaciones de juego.
- Técnicas de disparo.

Desarrollo:

- Añade un defensor adicional.

Ejercicio: Control y Disparo

Aquí va un entrenamiento más desafiante que requiere que los jugadores controlen los pases y los cruces desde una variedad de ángulos y reciban la pelota a diferentes alturas. El primer contacto es importante. Debería dejar la pelota abajo y permitir un golpe rápido, tanto en el siguiente movimiento como después de un máximo de un toque. Cuando los "alimentadores" tienen dificultades para cortar o levantar la pelota de manera controlada, se les permite lanzar la pelota bajo la axila para asegurar una mayor precisión. Sin embargo, algunos pases deben realizarse a lo largo del suelo con el empeine del pie.

Usar con: Cualquier edad. Los jugadores más jóvenes de nuestro grupo de edad pueden encontrar el entrenamiento demasiado complicado.

Objetivo: Controlar el pase o el cruce y disparar con la menor cantidad de contacto posible.

Equipamiento: Balones, poertería.

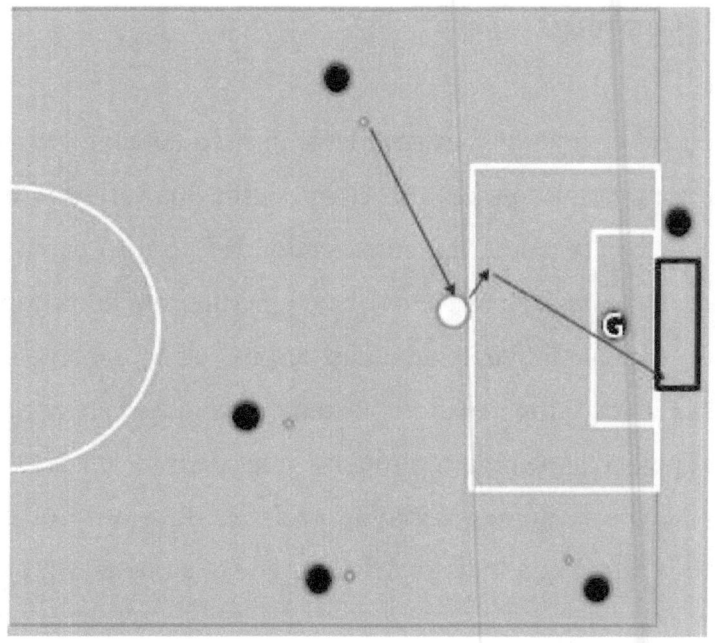

Funcionamiento de la plataforma: Coloque los cuatro alimentadores a una distancia de 10 a 20 metros del delantero. El percutor se encuentra en el borde de la caja. El quinto alimentador devuelve la bola para que la acción sea ininterrumpida. El entregador elige la altura de la entrega, pero el entrenador se asegura de que haya variaciones adecuadas para la edad y la capacidad del jugador. El delantero controla la pelota y dispara con la menor cantidad de toques adicionales posible. Después del intento, cambie las posiciones de cada alimentador. Continuar girando hasta que se haya intentado cada posición. Repetir.

Habilidades clave:

- El alimentador pasa con precisión, si es capaz de controlar la habilidad, ofrecer una variedad de chips, conducir el pase y pasar a lo largo del suelo.
- El delantero mueve el pie en la posición de control de la pelota:
  o Control del pecho;
  o Abriendo los brazos para que la zona del pecho sea lo más ancha posible,
  o Pecho ligeramente hacia abajo en el punto de contacto para asegurarse de que la pelota no se aleje del jugador,
  o Es probable que la pelota rebote. Ya sea golpeando la pelota con cordones en una volea o semi-volea o haciendo un segundo toque para obtener el control total de la pelota.
    - Asegúrese del equilibrio de los brazos
    - Colocar el pie no pateador alrededor de seis pulgadas al lado del punto de golpe y pase la cabeza sobre la pelota,
    - La rodilla que golpea la pierna está ligeramente doblada, utilice los cordones (el empeine representa la bola alta) para

golpear la pelota, estirando suavemente el pie que patea la pelota,
- No hay necesidad de golpear la pelota demasiado fuerte. Dominando la tecnología correcta, el poder llegará.
  - Golpear la pelota con los cordones de los zapatos, utilizando las buenas técnicas de tiro descritas en otros lugares o
  - Utilizando el empeine del pie para disparar.

Desarrollo:

- Añadir un defensa para presionar al delantero

Una de las preguntas que a menudo se hacen a los entrenadores es si practicar tiros penales. Por un lado, no implican una gran cantidad de actividades de grupos enteros. Pero por otro lado son divertidos y a todo el mundo le gusta el tiroteo. Así que sí, está bien practicar esta habilidad. Una buena manera de integrarlo es utilizar un tiroteo después del silbato final al final del partido. Incluso si hay un ganador, la puntuación final se puede calcular después del tiroteo. No hay forma difícil de conseguir un buen penalti. Las técnicas útiles incluyen despejar la mente y concentrarse solo en la pelota. Imagina hacia dónde va la lente. Golpear la pelota con el empeine del pie, utilizando una buena técnica. Si se usan cordones, asegúrese de que la cabeza permanezca encima de la pelota. Decida de antemano hacia dónde va el disparo y apéguese a ello. Por supuesto, hemos visto un cambio en la técnica de los penaltis, los jugadores ahora a menudo hacen una pausa durante la carrera y tratan de ver a dónde va el portero. No hay nada de malo en permitir que los jugadores prueben sus propios métodos, incluyendo el Panenka. Si el portero adivina terminarían pareciendo un poco estúpidos y probablemente nunca volverían a intentarlo. ¡Esta vez, podría ser algo bueno!

Conciencia táctica

Hasta qué punto usamos tácticas con los niños es uno de los debates que ha causado fuertes emociones a muchos entrenadores. En un extremo se encuentran aquellos que piensan que los jugadores sin tácticas sólo tienen un poco de conocimiento de los pormenores del fútbol. Por otro lado, están los defensores, que creen que los jugadores jóvenes deben centrarse en el disfrute, la adquisición de habilidades y el desarrollo de la tecnología.

No estamos en ningún lado de la discusión. A medida que los niños entran en el rango de edad cubierto en este libro, las tácticas se están convirtiendo en algo que pueden entender. Menores de 12 años, los jugadores entusiastas ven partidos de adultos y aprenderán las tácticas utilizadas por el entrenador, por lo que es perfectamente razonable introducirles en el concepto de que un juego puede depender de la estrategia utilizada por el jugador y el entrenador. Después de todo, incluso la idea de que un jugador es un delantero mientras que otro tiene un papel más defensivo es un ejemplo de táctica empleada en el nivel más simple. Al mismo tiempo, no abogamos por largas discusiones de equipo con el comité táctico ni por instrucciones complejas sobre las habilidades de los jugadores o no hacerlo en la carrera. Por supuesto, incluso por debajo del nivel octavo, asegúrese de que los jugadores sepan su trabajo, pero no deje que el trabajo sea demasiado restrictivo.

Entrenamiento: Correr para Crear Espacio

Un objetivo clave del fútbol es crear un desequilibrio entre los jugadores. De hecho, el entrenamiento del rondo es en parte una conciencia de la importancia de aprovecharlo cuando esto sucede. Este simple ejercicio ilustra el valor de correr. Es rápido y requiere muchas repeticiones, por lo que se convierte en una segunda naturaleza para los jugadores.

Usar con: Todas las edades, aunque este entrenamiento funciona mejor para jugadores mayores.

Objetivos: Correr para crear espacio para los compañeros de equipo.

Equipamiento: Balones.

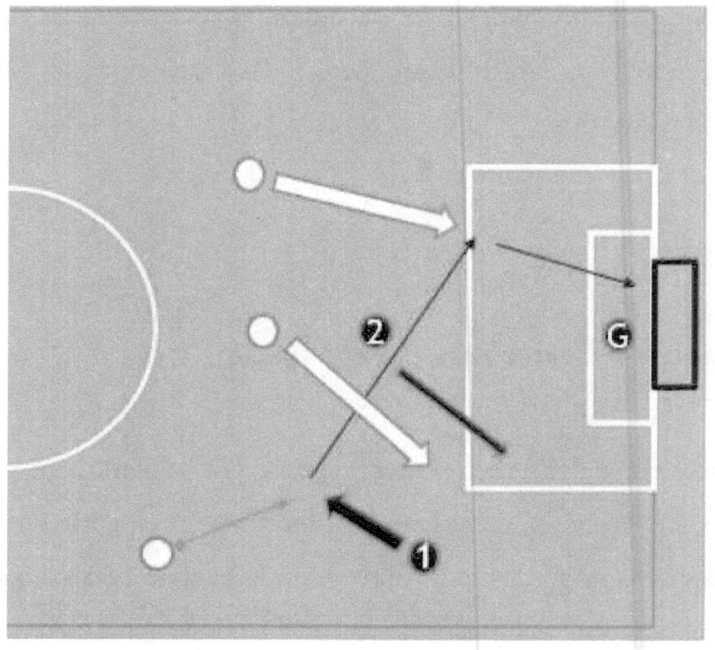

Operaciones de entrenamiento: Tres atacantes, dos defensores y un portero. Los defensores deben cumplir con su deber. El defensor 1 intenta ganar la pelota del jugador en posesión y el defensor 2 debe seguir el movimiento del centro. El centro corre y crea oportunidades para que sus compañeros disparen.

Habilidades clave:

- Programar el tiempo de ejecución para que no sea demasiado pronto o demasiado tarde.
- El delantero se mueve al espacio liberado.
- Cuando se crea el espacio y el defensor se mueve, el dribler libera la pelota, cubriendo la carrera. Demasiado tarde, podrían ser interceptados, demasiado pronto, el defensa central podría recuperarse y bloquear el disparo.
- La comunicación entre atacantes es importante para ayudar con el momento anterior.

Desarrollo:

- Este es un partido de 3 contra 3 en el que los defensores no están sujetos a las condiciones anteriores. Si la carrera no está siendo seguida, entonces el balón puede ser pasado a los corredores porque estarán en el espacio.

Ejercicio: Defensor Invertido

Para los jugadores de esta edad, los juegos suelen ser pequeños. Estos ofrecen más oportunidades para el tiempo en la pelota y el perfeccionamiento de la habilidad y la técnica. Eso es algo bueno. Sin embargo, los equipos en la categoría sub-12 suelen estar compuestos por nueve jugadores, lo que, por supuesto, trae consigo el concepto de lateral invertido, incluso en la categoría sub-11, un juego de 7 a un equipo ostensiblemente solo tiene tres defensores. El hecho de que esta formación requiera una conciencia táctica de los defensores para moverse hacia el mediocampo cuando están en posesión del balón es el núcleo del principio del lateral invertido.

Es un rol que es fácil de explicar, pero desafiante de ejecutar. Sin embargo, un buen jugador joven con una conciencia táctica cada vez mayor será capaz de ocupar este puesto. Cuando está en posición, uno de los laterales avanza hacia el mediocampo para desempeñar un papel de centrocampista profundo (o incluso avanzado). Esto sobrecarga al equipo en posesión de la pelota en esta parte crítica del campo, ya sea para crear tiempo para pases o dribles efectivos, o atraer a los defensores a la zona del centro del campo para crear espacio para más jugadores ofensivos.

El uso de un jugador para este papel es la estrategia actual. En la Premier League, el Arsenal ha causado una gran conmoción al desafiar al tradicional dominante Manchester City y al extraño Liverpool, liderando la liga por ocho puntos en el momento de escribir este artículo. Uno de los factores absolutamente críticos es la forma de su lateral izquierdo, Aleksandr Zinchenko, que es un lateral invertido. Esto significa que, en posesión del balón, el jugador no solo apoya el mediocampo, sino que no lo hace desde una posición ancha tradicional, sino que corta adentro para crear una amenaza adicional en el mediocampo. Esto trae muchos beneficios tácticos al equipo. Hay un respaldo centrocampista, que no solo puede aumentar el ataque, sino también proporcionar un bloqueo adicional en caso de pérdida de posesión y conversiones. Esto significa que los jugadores laterales pueden permanecer laterales y en esta posición son más efectivos que los laterales. Esto también crea ancho y espacio para el jugador central. Los centrocampistas creativos también pueden renunciar a los aspectos más defensivos del juego y hacer lo que mejor saben: crear oportunidades para sus delanteros.

Por supuesto que existen riesgos. Las transiciones rápidas pueden dejar espacio en la parte posterior, aunque en una posición amplia en lugar de centralizada. Pero los beneficios del uso de esta estrategia claramente superan los riesgos. Sin embargo, un defensor invertido debe ser capaz de leer bien el juego y tener la capacidad de controlar la pelota.

Usar con: Grupos mayores de entre 8 y 12 años

Objetivo: Sobrecargar el mediocampo utilizando laterales invertidos

Equipamiento: Paso normal

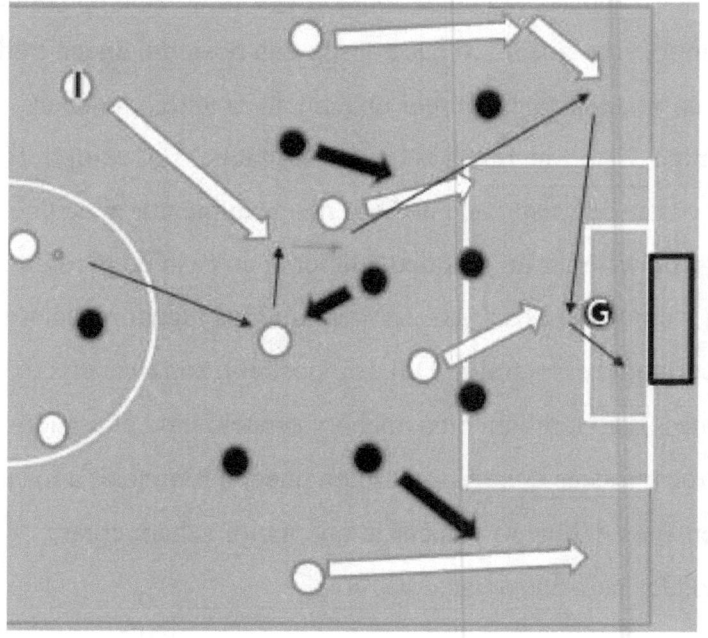

(Nota: Solo se muestra la mitad ofensiva en la imagen. Lateral invertido marcado con "I")

Operación del entrenamiento: Se trata de un entrenamiento condicional de nueve juegos (el entrenamiento puede adaptarse a siete juegos) con diferentes jugadores que actúan como laterales invertidos. Por lo tanto, entienden el papel, mientras que sus entrenadores pueden ver qué jugadores están mejor desempeñando. Para los elementos condicionales del juego, cada avance comienza con un reinicio sin presión del tercer cuarto defensivo y permitir el pase no hay rivales en el mediocampo, por lo que los laterales pueden moverse a su posición invertida.

Habilidades clave:

- Conciencia del juego, especialmente cuándo moverse hacia adelante y hacia adentro y cuándo moverse hacia atrás.
- Los jugadores laterales permanecen en la banda para crear espacio.

Desarrollo:

- Desarrollar un juego normal, sin condiciones.

Ejercicio: Transiciones efectivas

Muchas oportunidades de gol provienen de eventos de transición. Aquí es donde un equipo obtiene la posesión del balón de su oponente. A menudo, debido a que el oponente está atacando constantemente, son vulnerables a los contraataques porque su propia defensa no está en posición.

Usar con: Todas las edades, aunque este entrenamiento puede ser más adecuado para personas menores de 10 años y más.

Objetivo: Ganar posesión de la pelota, romper rápidamente y crear un contraataque amenazante.

Equipamiento: dos tercios de un campo, tres porterías pequeñas, porterías normales, pelotas, cono.

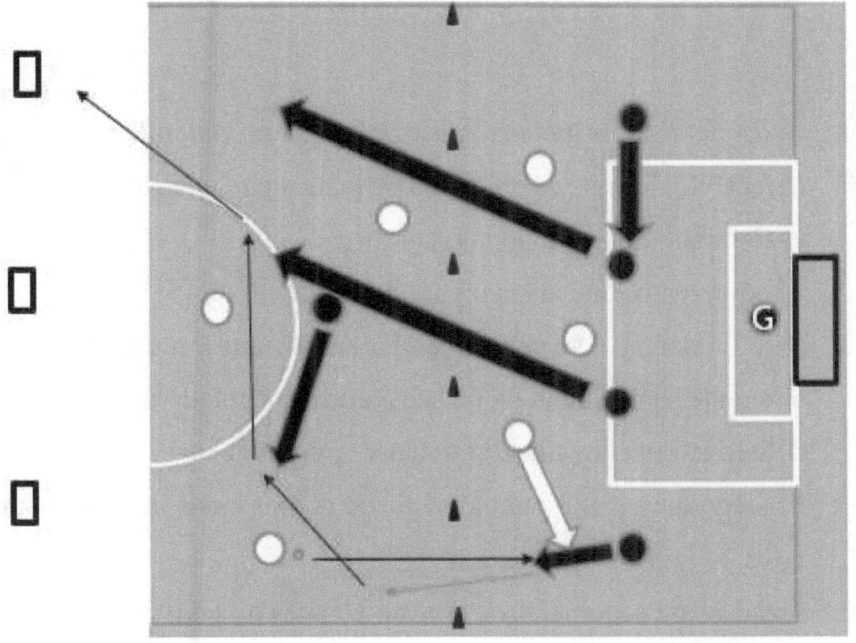

(Nota: En este tutorial, la defensa se convierte en ataque y viceversa. Los colores utilizados en las flechas y los círculos representan los roles iniciales de ambos laterales.)

Operación de simulacro: Este es un ejercicio condicional de carrera de seis lados A. El atacante tiene seis jugadores de campo y el defensor tiene cinco jugadores de campo y un portero. El área de juego está dividida en dos. Hay varias variaciones de las reglas en comparación con los juegos normales, que se explican mejor en puntos clave.

1. Si los defensores ganan la posesión en su propia mitad defensiva, tienen tres objetivos pequeños para atacar. Este es el elemento de transición de la broca.
2. El equipo atacante ataca un gol normal.
3. Solo un defensor se permite entrar en la mitad del campo oponente hasta que el balón sea pasado o driblado por el defensor. En este punto, el defensor puede atacar.
4. El juego dura cinco minutos y luego ambos lados intercambian roles.
5. Los tiros de esquina, tiros libres o penales no podrán ser adjudicados al defensor, de lo contrario se aplicarán las normas normales.
6. Cada vez que un ataque falla, la pelota se envía de vuelta al equipo atacante para comenzar el ataque desde uno de sus objetivos.

Después de cada sesión de cinco minutos, el entrenador discute brevemente qué métodos funcionan bien y alienta a ambas partes a dar su propia retroalimentación. De esta manera, el jugador comienza a aprender técnicas de transición efectivas. Por ejemplo, el papel de un defensor lateral que rompe para apoyar el ataque puede ser muy importante, mientras que si la posesión se pierde rápidamente después de la conversión, el lateral opuesto entrar en el interior y mantenerse en la defensa también puede ayudar a reducir la amenaza.

Habilidades clave:

- Comunicación con los compañeros de equipo.
- Cuando se produce la conversión, ataque en números, manteniéndose consciente de que la posesión puede volver a perderse, poniendo en peligro al equipo.
- Contraataques rápidos, reduciendo las posibilidades de que el oponente se reagrupe.

Desarrollo:

- Entrar en el estado normal de juego, pero ajustar las condiciones de juego para fomentar un contraataque rápido durante la transición.

Ejercicio: Crear Superposiciones

La repetición es la clave de este ejercicio. Los laterales deben sentirse cómodos con el avance hacia adelante, entendiendo que pueden o no recibir el pase. De hecho, cada jugador tiene un papel que puede o no llevar a atrapar la pelota. Sin embargo, esta táctica no se arraigará a menos que entiendan que su trabajo es importante independientemente que terminen recibiendo o no el balón. Los jugadores deben saber que sus carreras crean espacio y oportunidades para sus compañeros de equipo y causan problemas defensivos. Pueden usarse muchas variaciones del ejercicio. Los entrenadores pueden diseñar sus propias adaptaciones a la configuración básica a continuación.

Usar con: Todas las edades.

Objetivo: Crear solapamiento para los laterales como un trío. Si la superposición no se utiliza para el pase, entonces el movimiento en sí mismo puede causar que la defensa se vuelva estirada y desalineada. Tres atacantes se enfrentan a dos defensores y un portero. El propósito es realizar carreras superpuestas y crear oportunidades de gol con ello.

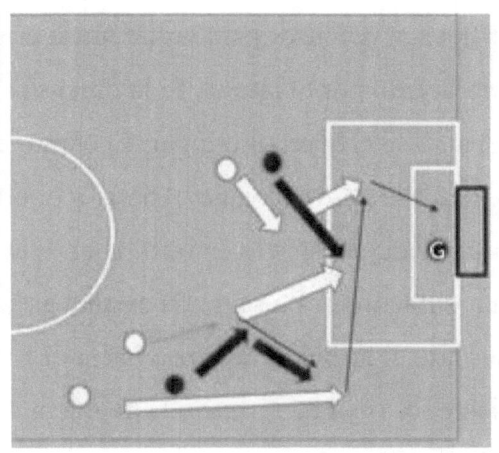

Ejemplo 1: Disparo de larga distancia del centro

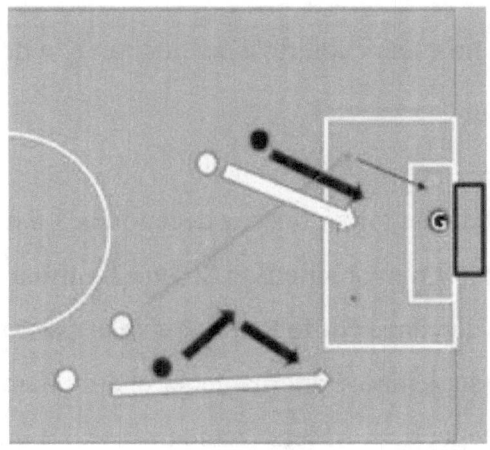

Ejemplo 2, el centro corre en el poste cercano y el driblador sube al aire para disparar.

El driblador lleva al defensor para cortar hacia adentro. El lateral atraviesa el espacio dejado por el lateral. Si la defensa aprovecha esta oportunidad, el espacio se crea en otro lugar. El centro corrió. El número uno corre hacia el pasado lejano. Ahora, o el último defensor debe seguir la carrera y dejar espacio en otro lugar, o cubrir el espacio y dejar a este jugador sin marcar. La segunda carrera es hacia el poste cercano, lo que permite al driblador avanzar hacia el poste lejano, o disparar por sí mismo, o, si ya han pasado la pelota al defensor, no hay marca en esta posición. En ambos casos, los impactantes doblan su carrera, cortando brevemente en una dirección antes de acelerar en la dirección opuesta.

Si los laterales no están cubiertos, conducirán a la portería por sí mismos.

Este ejercicio trata de tomar buenas decisiones. La defensa debe realmente cubrir la mayor amenaza, lo que significa ir hacia la pelota y el jugador más cercano. Por lo tanto, la mayor parte del espacio debería provenir del poste lejano. Para mantener el entrenamiento realista a la situación del juego, debe hacerse rápidamente. La mejor decisión para el lado ofensivo es aprovechar el espacio creado por la superposición. Siempre habrá un jugador sin marcar, en el espacio. Los jugadores quieren aprovechar este jugador en lugar de utilizar técnicas de dribling para derrotar al defensor.

Equipamiento: Medio campo, balón.

Operación del entrenamiento: Los puntos clave aquí se presentan ampliamente anteriormente, pero se enumeran como puntos clave para hacerlos más claros y más fáciles de explicar a los jugadores más jóvenes.

Dribbler attacks at speed, driving infield.

- El dribbler ataca rápidamente y conduce el campo interior.
- Los laterales corren por el lado y pasan el balón al driblador.
- El delantero central determina su carrera y la ajusta a la descripción anterior.
- El driblador determina la mejor opción:
  o Pasar a los laterales superpuestos porque no están marcados,
  o Pasar a los centros porque no están marcados,
  o Siguen corriendo por sí mismos, terminando con un tiro, ya que la defensa se ha separado para cubrir al corredor.

- La defensa intenta reaccionar a los movimientos y hacer que los intentos de disparo sean lo más difíciles posible.
- Hay tres intentos y luego cambia de roles.
- Continuar girando hasta que todos hayan probado cada posición.

Habilidades clave:

- Drible rápido.
- Encontrar espacio
- Toma de decisiones – el énfasis aquí es en la ofensiva, pero el entrenador también debe hacer recomendaciones y comentarios sobre las decisiones en la defensa.
- Disparo.

Desarrollo:

- Si el atacante encuentra difícil disparar, agregue un delantero.
- Desarrollar el entrenamiento en un juego completo, deteniéndose para señalar el uso efectivo de las carreras superpuestas y dónde surgieron oportunidades pero se perdieron.

Es hora de alejarse por un momento de los entrenamientos relacionados con el fútbol. Cuando se trabaja con niños relativamente pequeños, es útil si el entrenador tiene algún conocimiento de la salud física y mental de los jugadores.

Recompensa 2:

Como recompensa por leer este capítulo de conciencia táctica, queremos darte una recompensa que te encantará. Este es un libro sobre la inteligencia del fútbol que analiza diferentes habilidades y estrategias para aumentar la conciencia de los jugadores en el campo. Simplemente escanea el código QR a continuación para obtener su libro.

Aptitud física

La salud física no solo es esencial para que los atletas sigan corriendo durante las carreras, sino que también contribuye al bienestar mental. Cuando el jugador está físicamente cansado, los errores se deslizan. Esto se debe a la falta de atención y los errores siguen. En promedio, sólo el 7% de los goles se marcan en los primeros diez minutos de un partido, el más bajo de todos los diez minutos, mientras que normalmente casi un tercio de los goles (29%) se marcan en los últimos veinte minutos. Por lo tanto, la buena salud es un arma clave en el arsenal de un jugador de fútbol.

Además de eso, la falta de salud física rara vez es un problema para los niños preadolescentes. Observar a los jóvenes. Se mueven constantemente; Ellos corren por todas partes. Es cierto que el crecimiento de los juegos en línea está desafiando este hecho, pero todavía es inusual que una persona menor de 12 años o menos necesite tomar tiempo para hacer ejercicio físico. Si lo hacen, es probable que el problema sea tanto psicológico como físico, un área en la que la mayoría de los entrenadores aficionados no están calificados para trabajar. Sin embargo, aunque la buena noticia es que la mayoría de los entrenadores que trabajan con nuestro rango de edad no tienen que planificar un largo entrenamiento de fitness, eso no significa que el entrenamiento de fitness no debe participar en el programa de entrenamiento del entrenador. Después de todo, estamos ayudando a nuestros jugadores a desarrollar buenos hábitos de vida. Aunque pueden no necesitar mucho trabajo de acondicionamiento físico a los ocho o diez años, podemos ayudarlos a entrenarlos para mantenerse en forma para que sea más fácil aplicar cuando sean mayores y realmente necesiten tales acondicionamientos.

Por lo tanto, tenemos entrenamientos que ayudan a la salud física, ya que son muy activos, pero también enfocados igualmente, si no más, en las habilidades futbolísticas. Por lo tanto, nuestros jugadores pueden tener lo mejor de ambos mundos. Es divertido centrarse en estos ejercicios. Después de todo, cuando nuestros jugadores crezcan y se enfrenten al pensamiento desagradable de pasar horas en el gimnasio, ¡queremos que sean lo más positivos posible al respecto!

Ejercicio: Circuitos de fútbol

Entrenamiento itinerante diferente. Configure los ejercicios con antelación, ya que esto puede llevar un poco de tiempo. Al repetir periódicamente la misma sesión de entrenamiento y registrar el tiempo que tarda un jugador en completar un ciclo, pueden medir su progreso para ver si pueden completar el entrenamiento más rápido. Esto significará que no solo su capacidad física está mejorando, sino que su nivel de habilidad también está mejorando.

Usar con: Todos los jugadres.

Objetivo: Perfeccionar las habilidades mientras desarrolla la capacidad física.

Equipamiento: Como se requiera.

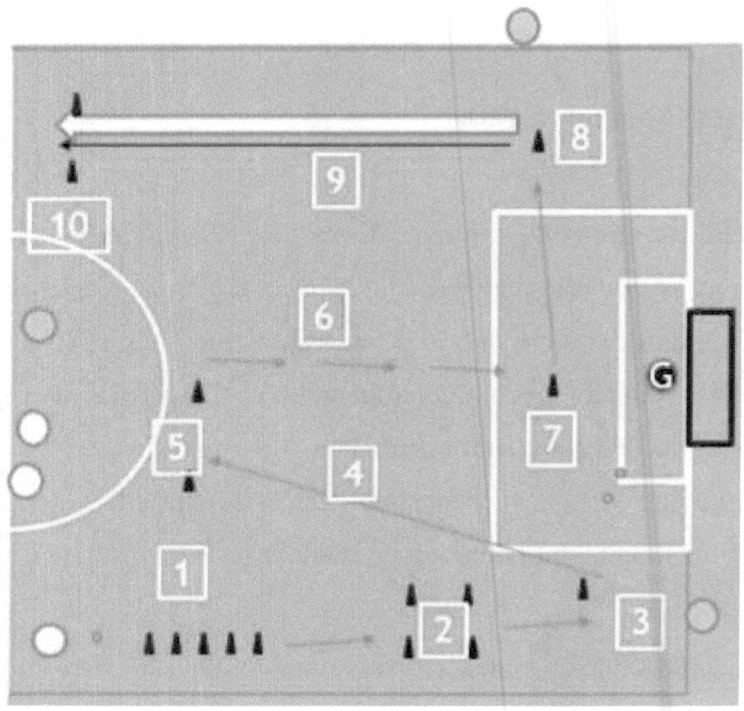

Operación de entrenamiento: Una vez que el participante anterior haya completado suficientes sesiones para que no puedan ser superados, los jugadores se ponen en marcha. Esto, naturalmente, conduce a un descanso entre giros. Complete de tres a cinco giros por sesión.

El ejemplo anterior contiene diez brocas con tres rotaciones. Necesito algunos ayudantes. El ejercicio consiste en:

1. Driblar a través del cono y luego a...

2. Cinco malabares y luego driblar hasta...
3. Haga cinco pases de pared bajo la dirección del entrenador (en este ejemplo de bucle, una vez que un jugador haya terminado este entrenamiento, será un buen momento para poner el siguiente jugador en marcha. Después de un rato, todos los participantes están en el bucle o se han recuperado de sus esfuerzos...) Luego drible a...
4. Correr con la pelota
5. Cuatro Cruyffs y luego driblar hacia...
6. Técnica Running – con la pelota para realizar tres "técnicas" en el camino – tales como cruzar, girar 360 grados, fintar y luego driblar hasta...
7. Penal (aquí hay balones de reserva en caso de que el penal se pierda del objetivo), continúa hasta que el jugador marque y luego drible a...
8. Lanzamiento de control, los jugadores reciben el lanzamiento al pecho, controlan y regresan, luego la altura de la rodilla y luego los pies. El cuarto lanzamiento al pie más débil, controlado, el jugador da la vuelta...
9. Pase largo a través de la puerta, si se pierde, el jugador recoge la pelota e intenta de nuevo desde la mitad de la distancia…
10. Sprint a través de la portería sin balón. El tiempo registrado cuando el jugador pasa a través de la puerta.

Habilidades clave: Según el ejercicio

Desarrollo: Los entrenamientos pueden ajustarse a lo que el entrenador considere que es necesario prestar atención, aunque esto puede descartar la idea de que los jugadores registren su tiempo.

Ejercicio: Dribling sin Parar

Este es un ligero error de nombramiento, ya que la mayoría de las veces hay interrupciones en la actividad, aunque el jugador puede tener que driblar continuamente durante el entrenamiento.

Usar con: Todos los jugadores.

Objetivo: Mejorar las habilidades de control del drible a corta distancia mientras mejora la fuerza de las piernas y la aptitud física.

Equipamiento: Balones, uno por jugador.

Funcionamiento del ejercicio: De acuerdo con los números, se crea una malla apretada pero no imposible de trabajar en ella. En el ejemplo aquí, un 20 x 15 m es suficiente. Trabaja con 13 jugadores, seleccionando 4 como "túnel" para comenzar. (Intentar mantener una relación similar de 1 a 3, pero muchos jugadores están haciendo este ejercicio). Estos "túneles" separan las piernas y permanecen quietos. Un jugador es designado como "defensor". Pronto vendremos a él o ella. Los otros jugadores deben driblar la pelota en movimientos continuos. El driblador debe driblar la pelota a través de las piernas del "túnel". Los dribladores gritan la cantidad de túneles que han pasado. Un driblador llega a cinco, y ella intercambia con el último "túnel" que ha pasado.

Mientras tanto, los defensores intentan interceptar a los jugadores y patear sus pelotas fuera de la red. Si por alguna razón la pelota sale de la red, el jugador comienza de nuevo desde "0". Cada tackle exitoso es gritado por el defensor, y cuando llegan a 10, pueden seleccionar cualquier "túnel" para intercambiar.

Este ejercicio no es adecuado para el diagrama, pero espero que sea claro. ¡Es una gran diversión, y un jugador puede esperar un descanso bienvenido como un breve túnel cuando son inmediatamente reemplazados por el último driblador a través de ellos!

Habilidades clave

- Habilidades de dribling a corta distancia.

Desarrollo:

- Añadir un segundo defensor.

Ejercicio: Relevos de habilidades de fútbol

A todo el mundo les encanta la carrera de relevos y podemos combinar la diversión de la carrera con un poco de trabajo de fitness mientras practicamos una habilidad. El ejemplo aquí es un relevo de pase de pared, pero este entrenamiento se aplica a un relevo de drible, un relevo con la pelota en el que el jugador detrás corre hacia el frente, recibe el pase y luego lo pasa al jugador delantero que los reemplaza. De hecho, el entrenador propondrá una variedad de variaciones sobre el tema.

Usar con: Todas las edades.

Objetivo: Primer pase preciso bajo presión y salud.

Equipamiento: Balones, conos.

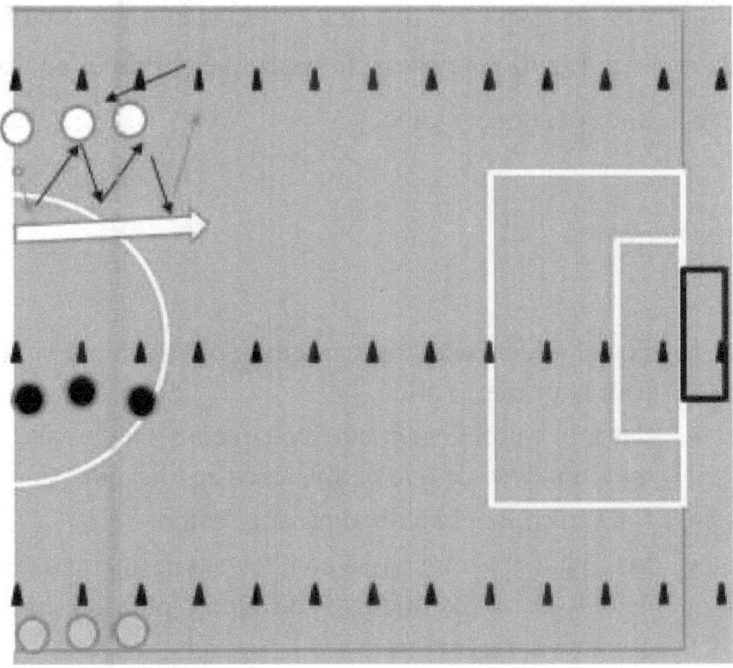

El gráfico muestra los movimientos del equipo blanco. Los equipos negro y gris están haciendo lo mismo, jugando para ver quién termina primero.

Operación de entrenamiento: Cualquier número de jugadores por equipo. Conos en la cancha. Los jugadores están junto al primer cono en su equipo. El jugador junto al primer cono comienza a entrenar. Dribla a 5 metros del cono y luego hace una serie de primeros pases de pared con sus compañeros de equipo (permitiendo más toques cuando sea apropiado), siguiendo la ruta del jugador. Cuando llega al final de la línea, dribla al siguiente cono y luego pasa al jugador que ahora está detrás de la línea. Repita este ejercicio hasta que el primer equipo llegue al final de la línea del cono y gane.

Habilidades clave:

- Posición del cuerpo para recibir el pase en preparación para la primera salida.
- Pasar el balón firmemente con el empeine del pie, asegurándose de que permanezca en el suelo.
- Cabeza sobre el balón al pasar el balón.
- Los jugadores con pases cónicos pasan ligeramente por delante de sus compañeros de equipo para que no tengan que interrumpir el paso.

Desarrollo:

- Reducir el toque o aumentar la distancia de pase.

Ejercicio: Otro Relevo de Habilidades de Fútbol: el Uso del Drible y el Pase

Usar con: Cualquier edad.

Objetivo: Driblar hacia el cono, pase de vuelta. El primer equipo que pase la puerta final gana.

Equipamiento: Media cancha, conos, balones.

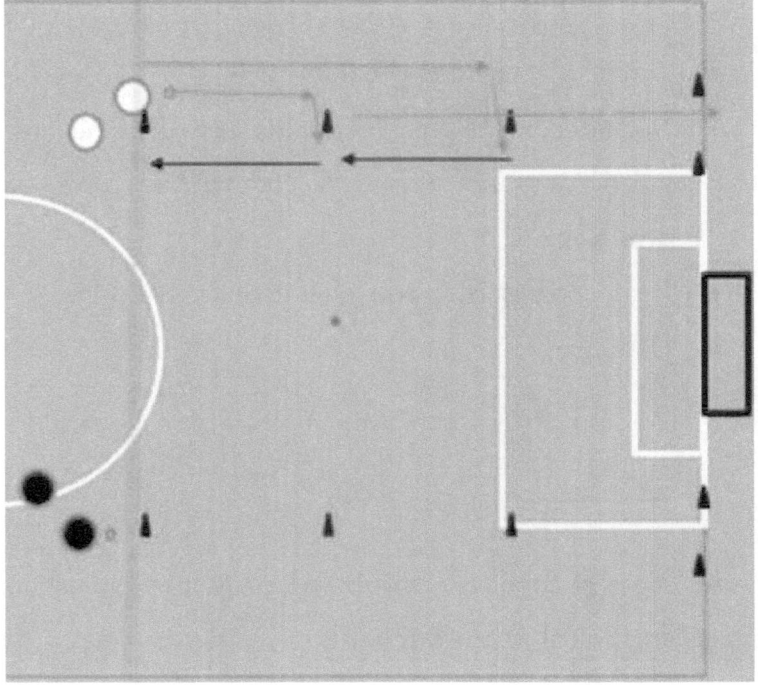

Funcionamiento del ejercicio: Los conos se colocan a lo largo de la longitud de la mitad del paso, separados aproximadamente de 20 metros. Divide el equipo en dos, tres o cuatro. Cuanto más pequeño sea el equipo, más ejercicio físico se realiza. El jugador número uno dribla hasta el primer cono. Date la vuelta y pasa a tus compañeros de equipo. Driblan hacia el siguiente cono, pasan sobre el primer jugador y luego hacen un pase de vuelta. Continúa hasta que uno de los jugadores drible la pelota a través de la puerta. Dependiendo de la cantidad de jugadores, la longitud del drible varía.

Habilidades clave:

- Driblar y correr con el balón
- Detener el balón y voltear rápidamente. Los buenos jugadores usarán algún truco como el Cruyff para cambiar de dirección.
- Pasar con precisión con la parte interna del pie.
- Un toque.

Desarrollo:

- Agregar conos para driblar entre los cnos para cambiar el ángulo del pase y driblar.

En el próximo capítulo veremos el desarrollo de la fortaleza mental en nuestros jugadores, mientras abarcamos algunas de las condiciones que nuestros jugadores pueden sufrir, y cómo pueden impactar en su rendimiento y conducta durante los entrenamientos y los partidos.

Ejercicios Mentales y Desarrollo Emocional

¿Recuerdas aquel día en la parrillada de Hofmeister? ¿El sol sobre nuestras cabezas, una o varias Bud (también hay otras cervezas disponibles) y el dulzor de la marinada en el pollo ligeramente quemado? Probablemente no. Pero si lo haces, o algo así, lo recordarás como el punto en el que aceptaste entrenar menores de 10, y tus fines de semana cambiaron. Para siempre. Para mejor, por supuesto. Tus noches de semana también. Porque si en realidad no estás organizando una reunión, o dirigiendo un juego, entonces estás planificando, o revisando.

Cuando firmamos la línea de puntos y prometemos nuestras vidas a los ídolos del fútbol, lo último que pensamos es que debemos ser no solo expertos en el deporte, sino también expertos en diseñar formas de transmitir esta experiencia, formas de mantener a nuestros jugadores interesados y felices, pero también semi-practicantes en el campo del desarrollo emocional infantil. ¿Sería útil si tuviéramos nuestros propios hijos, como es el caso de muchos entrenadores de equipos juveniles de fútbol? Bueno, un poco. Pero no tanto. Por supuesto, esto significa que probablemente estaremos más familiarizados con la última jerga e incluso sabremos que One Direction no es una opción en Google Maps o que Harry Styles no es en realidad una tienda de ropa en la calle. Pero, al contrario, todos queremos que nuestra Joana o Johnny sea un niño normal y popular; En nuestros momentos más oscuros, todos tenemos momentos en los que temores que no somos, y pronto aprenderemos que no hay niños "normales". Cada persona es única y cada uno tiene sus propios desencadenantes, traumas y talentos.

Una breve mirada al campo del desarrollo emocional de los niños de 8 a 12 años muestra que debemos poner esta verdad fundamental a la vanguardia de todo lo que hacemos. Cada niño es diferente, y aunque algunos comportamientos universales pueden ser populares y otros generalmente no, debemos insistir en el hecho de que, si el 80% de un grupo prefiere un enfoque específico, el 20% restante puede no estar feliz en absoluto, pensando en silencio. Tomemos, por ejemplo, la broma. Muchos niños prefieren un poco de broma, disfrutan de la atención atraída por la broma, etc. Sin embargo, para algunos, el miedo de ser destacado arruina una noche. El miedo a que pueda ocurrir los perseguirá durante días. Podemos o no saber que un niño en particular tiene una condición que los hace nerviosos divergentes, lo que significa que piensan, perciben y racionalizan eventos y situaciones de manera diferente a la mayoría de sus compañeros. Lo que es una broma para un niño puede ser devastador para otro.

Es muy difícil. Es difícil para nosotros como entrenadores y aún más desafiante para nuestros jugadores. Si pudiéramos concentrarnos totalmente en el fútbol, las cosas serían más fáciles, pero sabemos que los niños crecen de manera integral. Su fútbol es probablemente una de las partes más importantes y agradables de su semana. Si entendemos cómo perciben sus experiencias, podemos aportar mucho a su crecimiento como jóvenes.

Echaremos un vistazo a los siguientes aspectos. Consideraremos cómo se desarrolla el cerebro de un niño durante la preadolescencia y la adolescencia temprana. Veremos los cambios sociales y emocionales que enfrentarán, incluyendo momentos aterradores de cambios de humor. Aquí se incluirán algunos de los cambios sociales que nuestros jugadores pueden enfrentar a medida que crecen física y emocionalmente. Analizaremos brevemente el desarrollo de la resiliencia y el crecimiento de la confianza, que el fútbol puede promover. Compararemos algunas de las diferencias de género que existen a la hora de entrenar a niños y niñas y daremos una breve descripción de los dos trastornos que nuestros jugadores pueden tener:

el autismo (TEA) y el TDAH. Finalmente, consideraremos algunos de los comportamientos peligrosos que puede encontrar como entrenador. Cuando sea apropiado, sugeriremos algunos ejercicios que un entrenador puede usar para ayudar a los niños a desarrollar emociones.

Desarrollo del cerebro en niños de ocho a doce años

Incluso si entrenamos a niños menores de ocho años, los cerebros de nuestros jugadores están casi completamente desarrollados. Representan aproximadamente el 95% del cerebro adulto completamente formado. De hecho, la mayoría de los cambios ahora están dirigidos a eliminar partes del cerebro que resultaron ser innecesarias (la evolución las ha hecho redundantes), y las conexiones en el cerebro. Esto conduce a un fortalecimiento de la toma de decisiones cognitivas. Este proceso comienza en la parte posterior del cerebro. Es un poco como un error evolutivo. Porque la última parte del cerebro que experimenta modificación es la parte anterior, específicamente la corteza prefrontal. Esta es la parte de nuestra materia gris que los adultos usan para tomar decisiones. Decide si pueden detenerse antes de que llegue el coche de la izquierda, optando por sonreír al borracho agresivo que acaba de golpearles el brazo en el bar.

Los niños todavía toman decisiones, pero tienden a depender de la amígdala, una parte relacionada principalmente con las emociones, la agresión y los instintos.

Esto explica por qué los niños se enfurecen bajo presión y se vuelven extraordinariamente emocionales sobre cosas aparentemente triviales. Así que cuando nosotros, como entrenador adulto, decimos muy razonablemente que nuestro centro debe pasar el balón en lugar de intentar un disparo de 30 yardas (¡no olvidemos que animamos el disparo!), podemos sorprendernos cuando nuestro delantero de diez años derrame lágrimas y esté mal humorado durante el resto del partido. Esta es su respuesta emocional a la crítica. Él no puede evitarlo. Este es el error de la evolución, no importa cuánto lo intentemos, no cambiaremos el desarrollo humano durante treinta mil años en un entrenamiento de 40 minutos el miércoles por la noche.

Sin embargo, hay algunas cosas que podemos hacer para ayudar.

Consejos y Recomendaciones Uno a Cuatro:

- Mantenga siempre una actitud positiva, incluso si las cosas no van bien. Recuerde que los niños leen expresiones y lenguaje corporal, así como palabras, aunque lejos de cierta precisión. Incluso si no siempre podemos deducir la reacción de nuestro hijo, podemos reducir las posibilidades de reaccionar emocionalmente negativamente a una situación.

- Durante cada sesión, mantenga un momento de "retroalimentación positiva". Aquí pasamos por alto a nuestros jugadores y les pedimos que digan algo positivo sobre el desempeño de un jugador en particular. Debe ser afirmativa y no involucrar una cláusula "pero". Podemos encontrar que nuestros jugadores empiezan a quedarse sin palabras originales que decir, y si pensamos que esto sucede después de cuatro o cinco respuestas, entonces podemos estar atentos a alguien que está listo para decir algo (no pida voluntarios, "no hay respuesta" arruina el momento). A menudo se puede decir quién está esperando para hablar por su propia atención y lenguaje corporal, que puede ser muy alerta e incluso nervioso. Luego, si no todos contribuyen, elige a otro niño para elogiar y continúa comentando sobre ellos.

- Uno de los desafíos que enfrentan los jóvenes en el desarrollo del cerebro y la toma de decisiones es que encuentran extremadamente difícil evaluar los riesgos. Muchos clubes tienen salidas o tours de "fin de temporada". Incluye actividades de "riesgo controlado" como rappel, escalada en roca, espeleología o piragüismo en lugar de volver a ir a Pizza Palace. Esto brinda a los niños la oportunidad de aprender sobre los riesgos en un entorno seguro. Recuerda la frase con la que empezamos – "Lo quiero, lo entiendo"; Toma el riesgo y entenderás.

- Continuar entrenando fútbol. Numerosos estudios han demostrado que el ejercicio es una excelente salida para que los niños liberen sus emociones de manera positiva y creativa.

Cambios Sociales y Emocionales

A esta edad, los niños comenzarán a pensar en su propia identidad y su lugar en su mundo. Esto a menudo toma la forma de probar una nueva moda (aunque puede ser más la moda de los adolescentes) o hacer nuevos amigos. También estarán dispuestos a asumir responsabilidades, tenga cuidado, los niños de esta edad se toman sus responsabilidades extremadamente en serio. Ay de los entrenadores que tiran basura en el club o se olvidan de apagar las luces. También vemos un cambio en la dependencia de la orientación social de adultos, con la presión de los compañeros jugando un papel más importante en la vida de nuestros jugadores. Aunque todavía se verán muy afectados por lo que decimos, en el límite superior de nuestro rango de edad, la situación apenas comienza a sacudirse y si llevamos a un equipo a través de tres o cuatro años, encontraremos que algunas de nuestras decisiones empiezan a ser cuestionadas. Puede que no se haya ignorado deliberadamente, sino que no se haya aceptado de buena voluntad como antes. Una vez que entendemos que los cambios de humor son muy probablemente debidos al crecimiento emocional y no al síndrome del niño mimado (aunque, a veces, es…), podemos afrontar mejor y preocuparnos menos por los cambios de temperamento.

De nuevo, en primer lugar, debemos ser conscientes del desarrollo de estas emociones, pero podemos usar ejercicios y prácticas de salud mental para ayudar a nuestros jugadores a progresar.

Consejos y recomendaciones 5 a 8:

- Dar responsabilidad a los jugadores. Pídeles que lideren el grupo durante el ejercicio o hagan algún trabajo como llegar temprano para prepararse para el ejercicio y limpiar al final del ejercicio. Si los padres están de acuerdo, es una responsabilidad valiosa llamar y preguntar si alguien no puede asistir a la reunión, como bombear una bola de agua y así sucesivamente.

- Rotación de los capitanes. No hay una buena razón por la que el mismo niño necesite usar un brazalete cada semana. Así que compártelo y dale a cada niño la oportunidad de ser el capitán de uno o dos partidos.
- Jugar a "¿qué harías?". Esto puede estar relacionado con el fútbol, pero luego se traslada a la toma de decisiones más amplia que ayuda a los jugadores a tomar decisiones. Entonces podemos hablar (brevemente) de estas opciones. Por lo general, encontraremos que este tipo de actividad anima a los jugadores a esperar al final de la sesión, compartiendo una pregunta o una historia.
  - El juego es muy sencillo y se puede diseñar en unos minutos de preparación.
  - Anota varios dilemas. Lee uno y busque una respuesta.
    - Por ejemplo, eres el tirador de penaltis, pero tus amigos necesitan animarse. ¿Les dejas tomar penaltis?
    - Un jugador se olvida de sus botas, temiendo que estén en problemas. ¿Qué haces?
    - Pasar o driblar, ¿cuál es el mejor?
    - Un jugador está lesionado, pero está ansioso por seguir jugando. ¿Qué sugieres?

- Organizar grupos pequeños para entrenar en lugar de dejar que los jugadores elijan sus propios grupos. Esto garantiza una mejor combinación de jugadores. O, si esta es la forma normal de funcionar una sesión, permite a los jugadores elegir su propio grupo y probar la amistad por sí mismos. Aunque, tenga cuidado con que un niño quede excluido. Especialmente si los números no funcionan muy bien.

Resiliencia y Confianza

La resiliencia es la capacidad que desarrollamos para hacer frente a la adversidad y los reveses y recuperarnos de la decepción. Podemos hacer mucho para que los niños adquieran esta habilidad básica para la vida y, de hecho, lo hacemos simplemente dando la oportunidad de formar parte de un equipo. De esta manera, desarrollarán habilidades sociales, aprenderán a desarrollar nuevas amistades y conocer gente nueva. Experimentarán victorias y pérdidas y jugarán en un deporte donde incluso los mejores equipos y los jugadores más fuertes cometen errores.

Todos ellos ofrecen oportunidades para desarrollar la resiliencia. Todo lo que se necesita es la filosofía correcta y la mentalidad de los jugadores. Depende del entrenador.

Consejos y Recomendaciones Ocho a Catorce

- Anime a los jugadores a tomar decisiones.
- No critique a un jugador cuando toma una decisión, incluso si toma una decisión equivocada. En cambio, elogiarlos por tomar una decisión.
- No deje que se desarrolle una atmósfera de culpa. Si ocurre un pase erróneo, admita el intento en lugar de criticar el pase.
- Priorizar el elogio de las decisiones en las reuniones de retroalimentación después del partido, incluso cuando las decisiones salen mal. Pregúntele a los jugadores qué han aprendido o cómo pueden lograr sus objetivos con mayor éxito la próxima vez.
- Animar a los jugadores a ver partidos profesionales. Hoy en día, rara vez vemos a los jugadores agitando los brazos frustrados cuando los compañeros de

equipo toman decisiones equivocadas o pasan deficientemente.

- Por el contrario, vemos a los jugadores felicitando la intención, si no el resultado. Este enfoque envía un poderoso mensaje a nuestros jugadores jóvenes.
- No permita que los padres y los espectadores creen una atmósfera negativa que disuade a los jugadores de probar trucos o tomar decisiones creativas. Lograr esto puede ser difícil, y los entrenadores pueden necesitar apoyo de la parte superior del club, y sus padres son particularmente desafiantes.
- Comienza con "¿Qué hemos aprendido? "Sesión plenaria. Caminar por el grupo y preguntar sobre un aspecto que creen que podría mejorarse durante la sesión. Cuando se introduce por primera vez, los jugadores pueden encontrar dificultades para pensar en ideas. Será un reflejo de su propia falta de confianza, pero pronto aprenderán a centrarse en los aspectos positivos y oportunidades. Esto se debe a que saben que eventualmente se les preguntarán estas preguntas.

Por buena razón, el desarrollo positivo del fútbol femenino hará que muchos entrenadores se pregunten acerca de las diferencias en la enseñanza de género. En nuestra edad, los equipos se están haciendo cada vez más mixtos, aunque la gran mayoría sigue siendo de un solo sexo. No debemos perder de vista el hecho de que las niñas comienzan la pubertad antes que los niños y, teniendo en cuenta todos los factores que este desarrollo trae consigo, no es raro que las niñas de nueve años o incluso menos comiencen el ciclo menstrual. La compasión, la comprensión y la confianza son los trabajos de los entrenadores aquí. Por ejemplo, no permita la estrategia cuando no asistir a una sesión de entrenamiento significa que el jugador es eliminado para el próximo partido. Probablemente no sea culpa del jugador. Para ser justos, la mayoría de los entrenadores designan a los jugadores que no están presentes, como los contenedores de basura para las viejas pelotas de goma y las barras transversales hechas de cinta adhesiva.

Tenga en cuenta el color de los uniformes del equipo, lo más oscuro posible es mejor, y permita el uso de ropa deportiva en cualquier situación.

Neurodiversidad

Este término abarca la gama de funciones y comportamientos cerebrales que podemos esperar ver en una población. Este es un término importante porque muestra que las personas están sentadas en un continuum que justifica que cualquier concepto de "normalidad" es totalmente inapropiado y a menudo peligroso. Por supuesto, hay una serie de comportamientos que son más comunes en la población general, pero buscar cualquier coherencia en estos comportamientos es buscar una olla de oro al final del arco iris. No sólo el oro no estará allí, sino que mucho tiempo se perderá en la soledad buscando la parte superior de la banda de colores brillantes pero inexistente.

Por lo tanto, en nuestro equipo veremos una serie de comportamientos y percepciones de los jugadores. Tendremos niños que parecen ser muy seguros de sí mismos, algunos que están retraídos, a otros les gusta la atención y otros que pueden evitarlos. Algunos de nuestros jugadores serán muy sensibles a las reacciones de sus compañeros a cualquier cosa que hagan, digan, usan o intentan. Otros rara vez tienen en cuenta estas consideraciones. Y así sucesivamente.

Hable con un buen profesor y le explicará que aunque una lección puede ser para una clase o gran parte de la clase, las expectativas de éxito o fracaso de la lección varían de un estudiante a otro. Lo mismo ocurre con nuestro plan. Podemos organizar sesiones especiales para que los jugadores aprendan habilidades específicas que carecen, mientras que otros hacen otras cosas. Más comúnmente hacemos solo entrenamientos de portero, o entrenamientos defensivos u ofensivos.

Esto depende en gran medida de nuestros recursos en términos de instalaciones, equipos y personal. Pero ya sea que tengamos un entrenamiento para todos, o múltiples actividades, debemos tener en cuenta que cada uno de nuestros jugadores reaccionará de manera diferente a ellos. Los ingredientes del éxito para un jugador pueden no ser tan estrictos para otro.

Teniendo esto en cuenta, es más fácil ser positivo, y la positividad es la clave del éxito cuando se trabaja con jugadores neurodiversos. También reconocemos que a veces el comportamiento puede ser desafiante o preocupante, y que podemos preocuparnos de que algunos niños no disfruten de las lecciones. Es difícil decir eso. Si siguen apareciendo, lo más probable es que se estén divirtiendo. Sólo, no todo el mundo se comporta de la misma manera.

La gente estudia durante años, obtiene una maestría, recibe una larga formación para ayudar a los niños neurodiversos. Somos entrenadores de fútbol. Conocemos un poco del deporte y queremos darles a los niños la oportunidad de jugar

Trate de darles un momento productivo y agradable. No somos psicólogos, consejeros o profesionales de salud mental. Sería preligroso creer que lo somos. Recomendamos (estos son los siguientes cuatro consejos. **Números 15 a 18.**)

- Hablar con los padres si tenemos preocupaciones.
- No hay expectativas preconcebidas.
- Estímulo constante.
- Siga sonriendo. Hacemos todo lo bueno que podemos a través de estas cuatro acciones.

Pero la verdad es que a veces podemos estar muy preocupados por el comportamiento de cualquier niño. Nos convertimos en adultos importantes en la vida del jugador, lo que significa que el niño o la niña tienen la posibilidad de revelarnos. En este caso, nuestras acciones son claras. No se trata de un consejo, ni de un consejo, sino de una acción que todos los adultos responsables deben seguir, porque el interés del niño prevalece sobre todo lo demás.

Hoy en día, el club tendrá una política escrita para tratar los problemas de seguridad. Puede caer dentro de cualquiera de los muchos títulos: protección de los niños, seguridad de los niños, seguridad, protección de los niños, etc. Deberíamos conocer los procedimientos esbozados en esa política, y nosotros debemos seguirlos. Es así de simple. No importa lo que se divulgue. En general, la política abarca cuatro tipos de malos tratos. Estos son sexuales, físicos, emocionales y abandonados. De nuevo, el título puede ser diferente. Los dos últimos son generalmente más difíciles de definir y más difíciles de evaluar, pero no son menos graves que los dos primeros. En caso de duda, páselo. Esperemos que como entrenador nunca nos encontremos en esta situación, pero probablemente lo hagamos. Fue horrible, estresante e inquietante.

Este capítulo parece centrarse solo en una pequeña parte de nuestros jugadores. Algunos grupos pequeños. No lo hizo. Cuando se trata de salud mental y entrenamiento que fomenta la fuerza mental, cada miembro de nuestro equipo es un grupo. Uno muy pequeño, compuesto sólo por sí mismo. Todos somos diferentes. Es solo que nos llevó mucho tiempo darnos cuenta de este hecho.

Basta de los aspectos difíciles y desafiantes que nuestros jugadores pueden encontrar, este tema es más relevante para lo que nosotros como entrenadores de fútbol queremos transmitir. Cooperación.

Premio 3:

Como recompensa por completar este capítulo, me gustaría ofrecerles mi libro gratuito sobre "La resistencia mental en el fútbol". Este es un libro de consejos, estrategias y ejercicios para usar tu cabeza para mejorar tu rendimiento en la cancha. Simplemente escanea el código QR para obtener su libro.

Desarrollar el trabajo en equipo

Un poco de variedad es bueno para todos, así que aquí tenemos algunas actividades que no están relacionadas con el fútbol, pero que son muy útiles para desarrollar el trabajo en equipo. No abogamos por utilizar este tipo de actividades más de una vez cada cinco o seis semanas, después de todo, todos los equipos están aquí para jugar fútbol, no para trabajar en equipo. También queremos decir que es necesario explicar claramente por qué este grupo intentó esta actividad. A los niños les encantará, normalmente tardarán unos diez minutos en completarlo.

Actividad 1: Desarrollo de la comunicación

Esto requiere un poco de equipo que la mayoría de los instructores pueden obtener. Se necesitan algunos bloques, además de algunas mesas o bancos para que los miembros del equipo no vean lo que están haciendo sus compañeros de equipo.

Usar con: Todas las edades. Cuanto mayores sean, mayor será la cantidad de ladrillos que se pueden usar.

Objetivos: Reproducir un edificio utilizando una comunicación efectiva.

Equipamiento: Diez a doce ladrillos de construcción, reproducidos con exactitud con una copia. Un conjunto de dobles por equipo. Para los jugadores más jóvenes, se utilizan seis o siete bloques.

Operación de simulacro: Dividir el grupo en grupos de cuatro. Cada jugador tiene un personaje. El jugador uno es el arquitecto, el jugador dos es el portador, el jugador tres es el adquirente y el jugador cuatro es el constructor.

- El arquitecto se sienta en un extremo del campo, de espaldas a su constructor, y crea una forma con sus ladrillos.
- El portador debe mirar el edificio y luego correr hacia la línea media para comunicar al extractor una copia exacta del edificio ya construido. Tenga en cuenta que esto puede tomar varios viajes.
- El transportista corre a los constructores y les dice cómo construir una réplica exacta, incluyendo los colores,

ángulos y dimensiones del edificio creados por el arquitecto.

- El constructor construye gradualmente la creación del arquitecto.
- Cuando el constructor cree que ha terminado, la adquirente entrega la creación al portador, quien la entrega al arquitecto. Los edificios fueron comparados. Si es correcto, el equipo está hecho.
- Si hay un error, el edificio se devuelve al constructor y la comunicación continúa hasta que la forma sea correcta.

Habilidades clave:

- Comunicación precisa, clara y concisa. Los jugadores aprenden rápidamente que se necesitan instrucciones simples y claras.

Desarrollo:

- El juego se puede adaptar a cualquier tipo de construcción, pintura o dibujo.

La comunicación es esencial, y un engranaje en este motor que a veces se pasa por alto es el papel que desempeña la escucha. Especialmente la escucha activa. Aquí es donde uno se enfoca en la información dada. Una buena manera de comprobar es preguntar al jugador después de dar algunas instrucciones. No hay mucha presión, o puede ser demasiado vergonzoso para una persona, pero los jugadores pueden prestar más atención si saben que se les preguntarán lo que se les dijo.

Los métodos populares de mantener a los niños callados en el automóvil se pueden utilizar para promover la escucha activa. No queremos decir que les dé una computadora portátil y les diga que jueguen, sino que una versión perenne relacionada con el fútbol de "me voy de vacaciones, voy a traer…" es una buena opción. Ocasionalmente juega tres o cuatro rondas, no es necesario encontrar al ganador y luego dar instrucciones al equipo. Descubriremos que las habilidades de escucha de nuestros jugadores han sido perfeccionadas.

Actividad 2: En el juego de hoy, voy a...

La mayoría de los entrenadores sabrán que se basa en el juego, pero para aquellos que no...

Usar con: Todas las edades.

Objetivo: Fomentar la escucha activa escuchando atentamente una lista repetitiva.

Equipamiento: Un cerebro activo, especialmente del entrenador (o tal vez una lista a la que se refiere cuando sea necesario) ...

Operación de entrenamiento: El entrenador comienza diciendo: "En el juego de hoy voy a... animar a todos. El siguiente jugador repite lo que ha dicho el entrenador y luego agrega otro elemento suyo mismo. Y así sucesivamente.

Si un jugador no puede pensar en todo, el entrenador ayuda porque la idea no es encontrar un ganador, sino preparar el cerebro para una escucha activa. Entre las recomendaciones cabe mencionar:

- Marcar goles.

- Realizar la conservación.
- Ganar un tackle.
- Intentar disparar un voleo.
- Lanzar un balón.
- Respetar a los árbitros.
- Ignorar a los espectadores.
- Hacer lo mejor que puedas.
- Disfrutar del juego.
- Animar a los compañeros de equipo.
- Ponerme mis botas (etc.).
- Correr un kilómetro.
- Disparar (etc.).

Habilidades clave:

- Escuchar activamente y recordar lo que otros han dicho.

Desarrollo:

- Hay muchas variaciones para elegir, incluyendo "En mi kit tengo…"; Hoy desayuné... (¡no es necesario que sea cierto!); "Después de la carrera, voy a..."

El tercer elemento para desarrollar un buen trabajo en equipo es alentar a los jugadores a asumir la responsabilidad de dirigir el club. Ya hablamos de esto en la sección de salud mental de este libro, pero ahora podemos echar un vistazo más detallado a qué tipo de personajes un entrenador creativo puede crear para dar a sus jugadores un sentido de responsabilidad. La siguiente lista no es exclusiva y algunos roles dependerán del entorno de entrenamiento y competición, pero da una idea del alcance de responsabilidad que un jugador puede asumir. Si hay demasiados jugadores y cada uno tiene un papel, entonces considere dividir el equipo en dos o tres, dividiendo los roles cada semana.

- Capitán de equipo (se recomienda encarecidamente rotar este rol). 128
- Vice-Capitán (ibíd.).
- Embajador: Bienvenido en contra de los partidos en casa.
- Embajadores: Los árbitros son bienvenidos a los partidos en casa (por ejemplo, si hay una casa club, llevar a los árbitros a sus vestuarios).
- Luces-Asegúrese de que las luces interiores se apaguen al final de la sesión.
- Programar el entrenamiento – dos o tres miembros del equipo pueden hacerse cargo, pero verifique con los padres que pueden llegar temprano.
- Terminar entrenamientos – igual que arriba.

- Inflador de balón.
- Organizador de almacenamiento.
- Personal de equipamiento – cuando un jugador llega con su equipo, esta persona puede ser responsable de asegurarse de que haya algún equipo de repuesto – espinilleras, calcetines, camisas, pantalones cortos, guantes de portero, etc.
- Basura (limpiar en lugar de dejar…)
- Organizador de equipos – recordar partidos, horarios, etc.

Al mismo tiempo, necesitamos desarrollar los rasgos de los jugadores del equipo en nuestros jugadores. Estos son aprendidos e inculcados a través del ejemplo que damos como entrenadores. Espero que nuestros jugadores tengan muchas cualidades cuando lleguen, estas cualidades son establecidas por sus padres, pero sabemos que este no siempre es el caso. Sin embargo, marcamos el tono en los entrenamientos y competiciones, y si promovemos el espíritu de equipo, ayudaremos a nuestro equipo y a los individuos dentro del equipo.

Cada club tiene su propia opinión ligeramente diferente al respecto, pero podemos decir que los miembros del equipo son:

1. Conocer su rol en el equipo. El trabajo del entrenador es dejar esto claro.
2. Trabajar en colaboración con otros. En otras palabras, reconocer que el colectivo es más fuerte e importante que el individuo.
3. Responsable. En otras palabras, no culpan a los demás por sus errores. Al mismo tiempo, reconocen que los errores son inevitables en el fútbol y los utilizan para crecer en lugar de golpearse a sí mismos.
4. Flexible y dispuesto a adaptarse y cambiar.
5. Tener actitud positiva.
6. Tener empatía con los demás. Esto incluye compañeros de equipo, árbitros, entrenadores, espectadores y oponentes.
7. Respetar a los demás. Esto incluye la inclusión, no solo pasarla a los socios o elegir siempre a la misma persona para trabajar con ellos.

Persuadir al presidente del club para añadir estas características a los documentos del club, colocarlas en la casa del club, hacer un mnemónico del título y escribir estas características en la declaración de propósito del club. Todo jugador de fútbol sabe que los equipos son más fuertes que los individuos. Cuanto más podamos ayudar a los niños a entender esto, mejor será para ellos y su club.

No hace falta decir que estas habilidades de trabajo en equipo no solo contribuyen al progreso futbolístico de los jugadores, sino también a su vida cotidiana. La colaboración es una habilidad importante para la escuela, la formación de amistades y la vida con los demás. Una vez más, el fútbol ha demostrado que no solo proporciona una salida de energía y una fuente de diversión, sino que también hace una contribución crucial, aunque a menudo subestimada, al desarrollo integral de la persona, especialmente de una persona que aún está comprendiendo su lugar en el mundo.

Juegos Divertidos

En los últimos dos capítulos, hemos estudiado algunos de los factores más emocionales y cognitivos del desarrollo infantil en el campo del fútbol, pero es esencial que no olvidemos el hecho de que para los jugadores (y entrenadores) las sesiones deben ser divertidas. Así que vamos a terminar con algunos juegos divertidos, cada uno de los cuales ayuda a desarrollar un aspecto de un jugador de fútbol en crecimiento, pero de una manera llena de diversión.

Ejercicio: Crocker

Un divertido juego de fin de temporada que se juega mejor cuando hace calor. Se trata de una combinación de rotonda, cricket y fútbol que el entrenador puede adaptar a sus intereses y requisitos.

Usar con: Todas las edades.

Objetivo: Anotar "carreras".

Equipamiento: Balones, conos utilizados para marcar el área de la cuadrícula, objetivos pequeños.

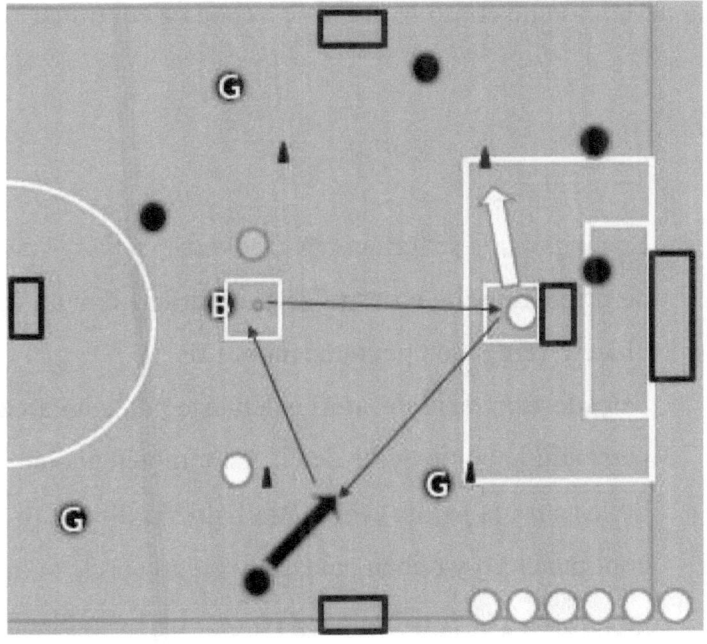

(Nota: los cuadrados blancos marcan la cuadrícula de "lanzamiento" – donde se encuentra el círculo negro con una "B" en el interior– y la cuadrícula "bateador", donde se encuentran los círculos blancos que representan al bateador dentro.)

Operación del ejercicio:

Dividir el grupo en dos equipos, cada uno de los cuales se turna para "golpear" y "defender". Los juegos son rápidos, por lo que el entrenador puede permitir dos o tres entradas. El ganador es el equipo con más puntos. La definición de cómo se anota se explica a continuación.

Bateador:

- Los jugadores se turnan para moverse hacia la "cuadrícula de pateo", que se muestra en el diagrama con un cuadrado blanco frente a un pequeño arco. Los bateadores/pateadores defienden este pequeño arco pateando la pelota lejos de él. Así también anotan carreras.
- Se les pasa la pelota (ver punto bajo "jardinero" a continuación) y deben patearla y luego correr lo más lejos que puedan alrededor de los postes. La línea blanca representa la dirección de la carrera. Su objetivo es completar el cuadrado de cuatro conos, pero pueden detenerse en cualquier poste (cono) si sienten que no llegarán al siguiente.
- Si el "lanzamiento" es legal y el bateador/pateador no lo alcanza, entonces deben correr solo hasta el primer poste.

Sin embargo, si la pelota entra en el arco, el bateador/pateador queda fuera.

Jardinero:

- Tres del equipo son "porteros". Usarán un gorro para identificarlos. Los porteros pueden cambiar durante las entradas y usarán cualquier parte de su cuerpo, incluyendo sus manos para jugar con el balón. Nota: el lado del campo sólo está permitido para los porteros, y cuando "golpea la pelota" nadie puede usar sus manos.
- Uno de los miembros del equipo es un lanzador. De acuerdo con las reglas establecidas por el entrenador, o patean la pelota hacia el "bateador" o la arrojan bajo la axila. El lanzador "lanza" la pelota desde una cuadrícula marcada con un cono. (cuadrado blanco en la figura).
- El resto de los jardineros solo pueden usar las partes del cuerpo permitidas por las reglas de fútbol (es decir, no pueden usar las manos o los brazos) para jugar el balón.

Anotando carreras

- Aquellos que corren por todas las columnas, pero se detienen a mitad de camino reciben puntos de carrera.
- Cuatro ejecuciones para limpiar los posts de una sola vez.
- Anotar seis veces en los objetivos establecidos alrededor del área de juego.
- El lanzador lanza una pelota demasiado ancha o demasiado alta (por encima de la altura de la rodilla), una carrera y una pelota adicional
- Nota: Cuando la pelota vuelve a la mano del jugador de bolos en la cuadrícula de bolos, el jugador debe detenerse en el siguiente poste que llegue.

Retirada:

Un jugador estará fuera si:

- El lanzador golpea un cuenco legal que entra en la portería detrás del bateador/pateador.
- El portero atrapa la pelota antes de que rebote.

- El jardinero golpea el poste hacia el que el jugador está corriendo con la pelota. (El portero puede lanzar la pelota en el poste con la mano o tocarla con él. Otros jardineros solo pueden 'pasar' la pelota al poste.)
- Dos jugadores terminan en el mismo poste después de que el lanzador mantiene la pelota dentro de su cuadrícula. Ambos jugadores están fuera.
- El entrenador puede decidir que el juego termina después de que un cierto número de jugadores (por ejemplo, la mitad del equipo) estén fuera.

Habilidades clave:

- Pases.
- Primer disparo.
- Habilidades de portero.
- Conciencia táctica.

Desarrollo:

- Permitir al lanzador tener más oportunidad de entregar balones.
  - Permitir a los delanteros hasta 3 oportunidades de correr.

Ejercicio: solfeo

Esta es una actividad divertida para una sesión de final de temporada, o quizás para jugar cuando no hay partidos por delante. Se requiere menos ejercicio que en la mayoría de los ejercicios de este libro, así que utilícela solo cuando el clima sea bueno. Tenga en cuenta que se necesita un área de juego grande y, si se llevan a cabo varias sesiones de entrenamiento, es importante una comunicación cuidadosa con los demás entrenadores.

Usar con: Todas las edades. Los jugadores mayores probablemente disfruten más este juego.

Objetivo: Jugar el balón asertivamente para golpear un objetivo.

Equipamiento: Balones, maniquíes o conos largos para actuar como "hoyos", conos para usarse como obstáculos.

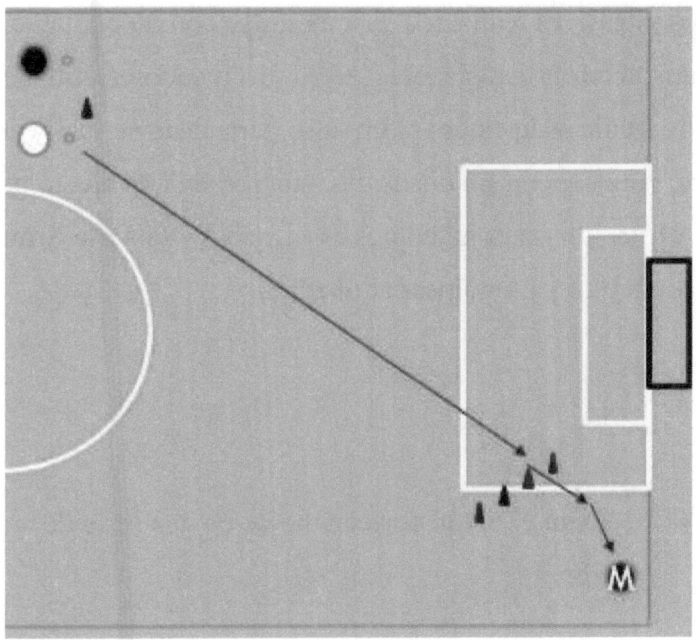

Operación del entrenamiento: Prepare seis u ocho hoyos, como en el golf. Coloque un tee para cada hoyo, marcado con un cono, coloque algunos obstáculos, como bunkers hechos con conos, etc., y coloque un maniquí como el hoyo a una buena distancia del tee. Si el espacio lo permite, algunos hoyos pueden ser más cortos (par tres) y otros más largos (par cinco).

Divida los jugadores en equipos de tres o cuatro.

Los jugadores realizan el primer golpe con un puntapié de portero para alcanzar la distancia. Luego, los jugadores utilizan una variedad de técnicas de pateo: el impulso para alcanzar la distancia, el golpe corto para superar un obstáculo, una patada con efecto para rodear un obstáculo (para jugadores avanzados) y un pase firme con el empeine como putt para golpear al maniquí.

Habilidades clave:

- Golpear el balón correctamente en una serie de técnicas de patada.

Desarrollo:

Si el tiempo y el equipo lo permiten, intente organizar un "loco solfeo"; por ejemplo, utilice pequeñas porterías con obstáculos en el frente. Bolos (las botellas de refresco medio llenas de agua funcionan bien), un "agujero" donde un portero puede detener la pelota y el jugador debe jugarla desde donde cae, etc.

Ejercicio: Rugby de toque

Este entrenamiento es divertido y hace un buen contraste con el movimiento del pie. Puede ayudar a la coordinación mano-ojo de los jugadores, desarrollar habilidades de trabajo en equipo y conciencia táctica. El entrenador no necesita ningún conocimiento de la liga de rugby, ya que es un juego muy reducido.

Usar con: Todas las edades.

Objetivo: Desarrollar habilidades de velocidad y trabajo en equipo para anotar puntos.

Equipamiento: Cintas. Si estos no están disponibles, utilice el toque. Aquí, el oponente debe tocar al portador de la pelota con ambas manos a ambos lados de las caderas.

La pelota. Una pelota en de rugby es ideal, pero una pelota de fútbol pequeña también funciona. Incluso tres o cuatro bolas de tamaño normal son lo suficientemente pequeñas como para ser utilizadas.

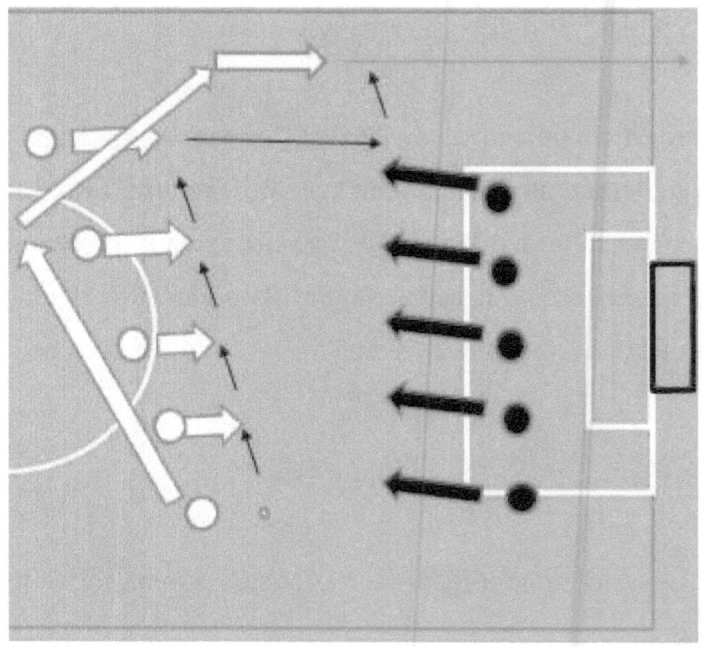

Operación del ejercicio: Hay algunas reglas:

- No se permite el tackle convencional. Un tackle consiste en quitarse el toque o hacer un doble toque, como se describió anteriormente si se juega la versión de toque.
- No se permite el juego hacia adelante: no se pueden hacer scrums, ataques, golpes ni salidas. Si el juego se detiene, se considera un "tackle", al estilo de la liga de rugby, y el juego se reinicia con un pase libre al equipo en posesión.

Si la pelota o el jugador salen del campo, la posesión pasa al otro lado.
- Después de 6 tackles (por ejemplo, quitarse el toque o detenerse el juego), la posesión cambia. El árbitro dice los números de tackle para que los jugadores sepan cuántas jugadas les quedan antes de perder la posesión.
- Los pases solo pueden ser laterales o hacia atrás. (Penalti: cambios de posesión)
- Los intentos se anotan colocando la pelota sobre la línea.
- Nota de seguridad: si se juega en una cancha de fútbol, se debe jugar a lo ancho de la cancha o entre los bordes de las dos áreas de penalti. Esto reduce el riesgo de que los jugadores se estrellen contra un poste de gol.

Habilidades clave

- Pases sincronizados.
- Trabajo en equipo en ataque y defensa.

Desarrollo:

- Introduzca las "conversiones". Utilice un balón de fútbol. Establezca una distancia de desafío razonable según el rango de edad. El equipo que anotó designa un portero, que puede ser cualquiera excepto el anotador del try. El anotador del try debe hacer un chip o volea con la pelota en las manos desde el punto establecido por el entrenador. Si el portero atrapa la pelota antes de que rebote, la conversión está completa.

Ejercicio: Haz esto, Ahora Haz Aquello…

Un juego muy sencillo y divertido, es un juego de calentamiento original y también ayuda a desarrollar habilidades individuales. El juego está basado en el formato tradicional "Simon dice...". Hemos ido mucho más allá del rango de edad cubierto por este libro y funciona siempre...

Usar con: Todas las edades.

Objetivo: Divertirse durante el calentamiento mientras desarrolla habilidades de escucha activa.

Equipamiento: Balones.

Operación de entrenamiento: Cada jugador tiene una pelota. El entrenador da instrucciones. Los jugadores siguen las instrucciones, pero sólo si están precedidos de "ahora...", si no, continúan con las instrucciones anteriores. Por ejemplo:

1. Driblen **ahora** (jugadores driblan).
2. **Ahora** driblen a la izquierda (jugadores driblan a la izquierda)
3. Pasar a los demás (jugadores continúan driblando hacia la izquierda, ya que la instrucción no comienza con "ahora...", cualquier jugador que cometa un error recoge la pelota y espera hasta que todos estén fuera. Esto normalmente no tarda más de 30 segundos)
4. Pasar el balón **ahora** (lo hacen)
5. **Ahora** los pies se alternan sobre la pelota (el jugador coloca un pie y luego el otro en la parte superior de la pelota)
6. Tocar la pelota con la mano (continúan de pie sobre la pelota, cualquiera que mueva el toque está fuera)
7. Consejo: Cuando baje a los últimos pocos, haga dos o tres instrucciones "erróneas" seguidas. ¡Esto suele terminar el juego rápidamente!

Habilidades clave:

- Escucha activa.
- Habilidades individuales.

Development:

Este juego es un ejercicio físico sin pelotas. Los jugadores se ponen frente al entrenador y se dispersan. El entrenador realiza un movimiento, como levantar un brazo o correr en el lugar. Si él o ella dice "haz esto...", el jugador lo imitará, si el entrenador dice "haz aquello...", no lo harán. Esta es una versión más difícil y más rápida del juego.

Ejercicio: Multi-Objetivo

Caos organizado. No hay parte organizada. Pero muy interesante. El juego está lleno de acción, pero al mismo tiempo requiere pensamiento táctico, trabajo en equipo y habilidades futbolísticas.

Usar con: Todas las edades.

Objetivo: Utilizar habilidades de fútbol y tácticas efectivas para anotar más goles que sus oponentes.

Equipamiento: Ocho objetivos pequeños. Dos pelotas súper blandas o esponjas (para estar seguros, ya que los jugadores no tienen que enfrentar el juego).

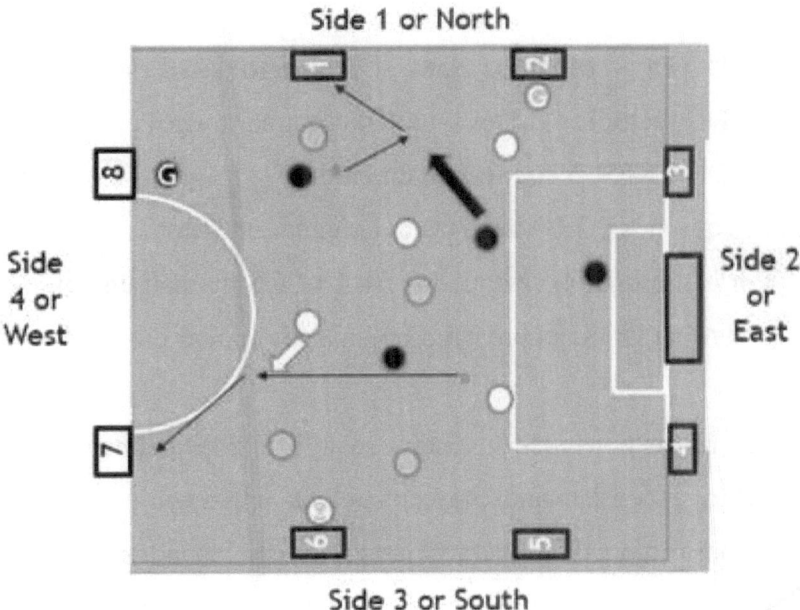

Operación del ejercicio: tres equipos de cinco o seis personas. Un portero no puede anotar, el resto de los jugadores de campo pueden. Campo cuadrado (aproximadamente la mitad del tamaño de un campo normal) con dos porterías pequeñas en cada lado. Etiqueta cada lado, como 1, 2, 3 y 4, o norte, este, sur y oeste. Dos bolas.

1. Cada uno de los tres porteros elige un gol. Los objetivos deben estar en diferentes lados de la cancha.
2. El partido comienza con dos porteros.
3. Por ejemplo, si el portero BLANCO está en LADO UNO–su lado, ahora intenta anotar en cualquiera de los goles del LADO DOS. Mientras tanto, si el portero GRIS está en el LADO DOS, los Grises intentarán marcar un gol en el LADO TRES. Y así sucesivamente
4. El equipo NEGRO debe tratar de ganar un balón.
5. Por ejemplo, una vez que los BLANCOS marcan un gol en el LADO DOS, su próximo objetivo es marcar en el tercer lado.
6. Las reglas normales del fútbol se aplican a las pelotas en el juego, excepto cuando hay dos pelotas y tres equipos.
7. El portero puede moverse a cualquiera de los lados sin el portero. Pueden hacerlo en cualquier momento. Pueden cambiar entre los objetivos de ese lado como quieran.
8. Después de anotar un gol, si hay un portero en ese lado, entonces este jugador comienza de nuevo. Si no, el equipo que anotó comienza de nuevo. (Obviamente una ventaja.)
9. Jugar por no más de cinco minutos.

10. Buena suerte para el entrenador con el marcador.

Habilidades clave:

- Comunicación con compañeros de equipo.
- Conciencia táctica: conocer cómo se desarrolla el juego.
- Tomar decisiones tácticas informadas para decidir si defender o atacar. O ambos.

Desarrollo:

- El juego funciona con una sola pelota, aunque es un poco menos divertido. Si no hay pelotas blandas disponibles, se puede utilizar una pelota normal en esta variante.

Ejercicio: Bolos

Basándonos en la sugerencia de desarrollo del Loco Solf, este es un juego divertido que anima a los jugadores a mantener la pelota en el suelo mientras prueban diferentes técnicas de pateo para derribar los pinos. Es posible comprar pinos grandes y blandos (los conos no sirven, son demasiado estables para derribarlos fácilmente), pero las botellas de dos litros de refresco medio llenas de agua para darles algo de estabilidad funcionan bien. Reúne muchas durante algunas semanas y haz que los jugadores las traigan a las sesiones. (¡Recogerlas con el agua ya añadida ahorra mucho tiempo!)

Usar con: Cualquier edad.

Objetivo: Golpea la pelota con precisión utilizando una combinación de efecto y potencia según lo requiera la situación.

Equipamiento: Muchos pinos. Muchas bolas.

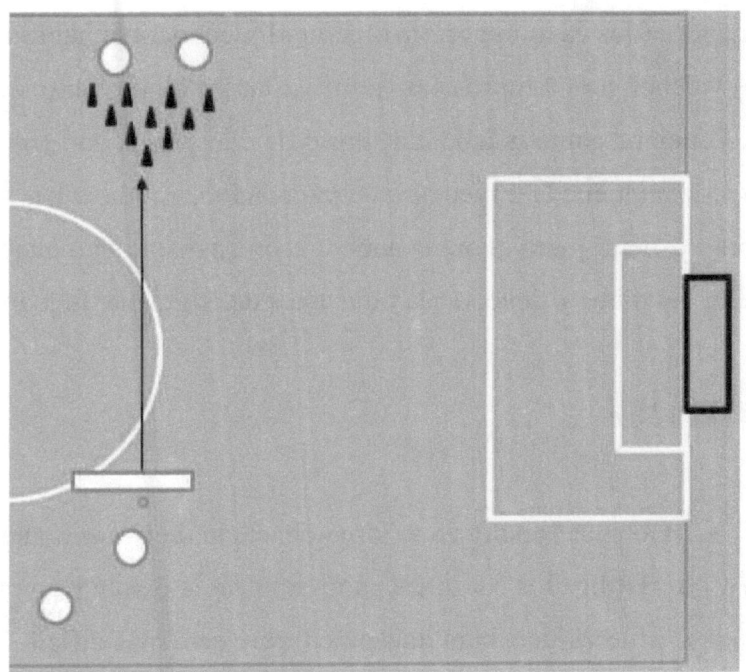

(Nota: en este diagrama los "conos" representan bolos y la línea blanca gruesa es el marcador detrás del cual se debe jugar el tiro. Prepare dos o tres callejones para mantener alta la participación).

Operación de entrenamiento: Configura diez bolos, como una pista de bolos de diez botellas. Coloque un cono o línea como punto para el pase/disparo. Dependerá de la edad y la capacidad del jugador. Diez a veinte metros es una buena distancia. Los jugadores tienen dos o tres oportunidades (dos es lo mejor, involucrar al jugador si la habilidad lo permite) y deben tomar turnos para derribar tantos pinos como sea posible. Funciona como una bola de bolos de diez pinos, con golpes y repuestos, y mantiene la trayectoria de puntuación. Anime a los jugadores a esperar junto al pin cuando no son suyos. Luego pueden restablecer los pinos y devolver la bola antes del siguiente jugador.

Habilidades clave:

- Golpear la pelota a lo largo del suelo de varias maneras:
  o Utilice los cordones para impulsar la pelota para obtener fuerza-derribará más pinos, pero será más difícil mantenerse en el suelo y mantener la precisión;
  o Utilice el empeine del pie para derribar con precisión uno o dos pinos que queden de pie;
  o Utilice el lado exterior del pie para pasar la rotación cuando se necesita desviar la pelota hacia el segundo pino (¡¡habilidad muy difícil!!)

Desarrollo:

- Añade un "obstáculo" en un turno determinado que el jugador debe cruzar para llegar a los bolos.

Hemos ofrecido ejercicios, consejos y actividades para utilizar con nuestros niños de ocho a doce años. Estos pueden formar la base del régimen de entrenamiento de una temporada, que ayudará a nuestros jugadores a desarrollar sus habilidades futbolísticas al tiempo que garantiza que las sesiones sean productivas y, lo más importante, divertidas.

Conclusión

Entrenar a niños de esta edad es un gran trabajo. Requiere dedicación, planificación, una actitud positiva y mucha paciencia, pero también es enormemente gratificante.

Es de esperar que los entrenadores experimentados utilicen algunos de los ejercicios e ideas presentados en este libro o los adapten para ofrecer variedad a sus sesiones o para abordar necesidades de entrenamiento específicas de sus jugadores. Los entrenadores más nuevos también pueden orientarse con la filosofía que sustenta las teorías presentadas aquí.

Si pudiéramos resumir el entrenamiento de niños de ocho a doce años en unos pocos puntos, serían los siguientes:

1. Planifique con cuidado.
2. Sea flexible.
3. Priorice la seguridad en cada sesión y partido, pero después de esto, la diversión.

4. Sea positivo, porque sus jugadores sin duda lo serán.
5. Conozca a sus jugadores lo mejor que pueda.
6. Disfrute.

Nunca debemos perder de vista el bien que estamos haciendo como entrenadores. Estamos tomando a jóvenes, los miembros más importantes de nuestra sociedad, y les estamos dando una salida para su energía, una oportunidad de disfrutar realmente, una oportunidad de aprender sobre un juego que aman, una capacidad para mantenerse en forma física y emocionalmente, la oportunidad de hacer nuevos amigos, desarrollar confianza, lograr resiliencia y fortaleza mental y convertirse en los mejores adultos que pueden ser.

Esa es una lista impresionante de logros y algo de lo que todos deberíamos estar orgullosos.

El final... ¡Casi!

No es fácil encontrar reseñas.

Como autor independiente con un presupuesto de marketing reducido, confío en que los lectores, como usted, dejen una reseña breve en Amazon.

¡Aunque sea solo una o dos frases!

Así que, si le gustó el libro, navegue hasta la página del producto y deje una reseña como se muestra a continuación:

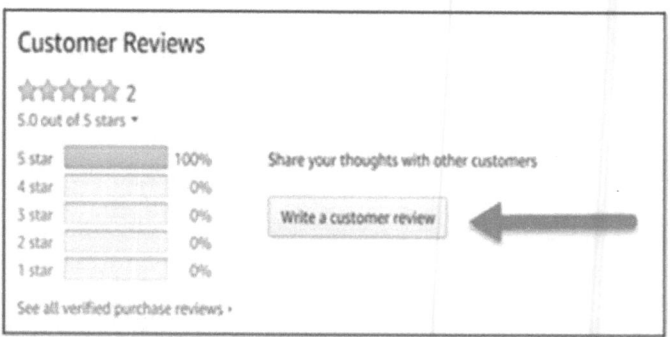

Agradezco mucho tu reseña, ya que realmente marca una diferencia. Gracias de corazón por comprar este libro y leerlo hasta el final.

www.ingramcontent.com/pod-product-compliance
Lightning Source LLC
Chambersburg PA
CBHW021951160426
43209CB00001B/4